呂思勉 著

呂思勉手稿珍本叢刊

中國古代史札録

31

宗教五

上海古籍出版社

第三十一册目録

宗教五

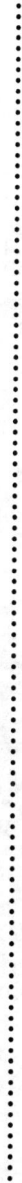

宗教五

元始佛教。厳有道德厭世求解脫　解了原因無明苦樂感覺
不了因緣執神而有無明生行〻生識無明滅則行滅〻〻則
識滅矣　無明生行二過去因行生識〻生名色〻〻生六處〻〻生
觸未有苦樂之感（之明瞭感覺）觸生受酬過去之因時曰現在五果受生愛〻生取〻生
有愛取為煩惱有為業時為見在三因有生生〻〻老死憂悲苦惱未來果是曰
十二有支有廿重存之類即生死未來為惑業苦三種以煩惱存了引往生十二支
以業為集餘為苦
斷此連鎖即解脫所謂滅為涅槃　以此涅槃應度世人之教
佛陀時曰阿羅漢應供之義　以滅之方法曰道　苦集滅道之四

此諦真實不虛曰諦　諸聖者所知見曰聖諦　苦集滅道時

曰四聖諦　不趨樂天厭世兩端曰中道　中道轉法輪時說為八聖道支入涅槃時

增廣為三十七覺分簡分為戒定慧十二因

緣為苦集二諦涅槃為滅諦八正道為道諦

根本佛教發達時代蓋自西曆前四八六至後一五〇　凡七百餘年

即入春秋之前三十七年　其明年據眾聖點記至後漢桓帝和平以為佛滅度之歲

元年　皆小乘　但重斷煩惱得涅槃　未立一切眾生成佛

之義

初期佛滅未久漸進斷進之別未著自佛滅四百年至龍樹之出

因之化教分派有種種之變遷學人始佛教所稱小乘教發達時

代

結集者會誦等誦之義　衆中上座首師指出諸集法律共遴次
問諸經緣起本文使其具答更登大衆正其紕繆取以定論即
合衆同誦無爲定則亦以相付毋得增删　所謂法律記憶佛
言展轉相授是爲經[redacted]此展授之法也皆繙而讀誦
夕而思惟文有疑則之法每半月則以布薩之之共淨住也朗
誦佛制時有定文所以爲律故佛滅度時依法與律其形式有散
文有韻語　古有九分教曰契經曰應□曰記別曰諷誦曰自說曰本事曰本生曰方廣曰希法以增因緣譬喻論□
攷十二分教
第一結集爲五百結集　佛滅後於王舍城有比丘僧五百
對日大迦葉爲上座誦毘曇也法彙佛說九分教爲阿含付校誦之義 數千

此傳云此時別有無數比丘以婆師波為上首別為結集是之為大衆部結集乃誤與二百年後事混

毗奈耶[illegible]律也 依要事之義 毗奈耶謂容佛以戒律為之 僅此兩類而已 此為佛典最古之結構 或以阿毗曇稱為三藏 阿毗曇亦云阿毗達磨勝法之對法之義 乃佛教之哲學部分也 其中重要之品皆佛入滅後始起 故以佛弟子之作為多

龍樹智度論云其西域[illegible]

是時又有許多弟子於地方村推長老居上座傳播遺法 佛滅後百年遺法解釋漸異 戒律解釋亦異 異議發而七百結集生焉

七百結集時佛滅百年 西前三八五 [illegible]國九十六年 入行於毗舍離 始分上坐大衆二部 上座者西黨 大衆者東黨 上坐者正統系七百人保守派也 大衆者多數 不服其裁 別聚一處結集佛法 名大等誦戒大結集 自由派也 此兩方所傳 此方則云上坐方衆之

地在恒河北 王舍城西北

此結集以耶舍陀為上首

名第一结集时已有但未书写耳　其时之王为迦罗阿育

南方所传佛灭后一百至二百年间更分二十二部合称本两部

国之十四部　依北方所传佛灭后一百至二百年大众本末

合九部佛灭后三百年初至四百年初上座部分十部合本十

一部凡二十部　上座与大众大异此外支派相异甚微　大

众部为大乘上座部近于小乘上座部又分说一切有及犊

子二部

小乘中分保守进取二派保守派主有进取派主无保守派於

戒律主严格进取派重自由保守派以释迦为有限之人进取

派以为宇宙实在之结合倾向神化保守派固守旧传进取派

爲哲學的自由探究，折衷其間者，有如中間論。此三部代表小乘。大衆部以一切現在[redacted]界界有爲，藉因緣生，屬過去已屬未來亦起者，皆無實體，見在體用俱存。自性本清淨，爲客塵煩惱所染，無始以來與之而成不淨，修聖道而離染則淨，以顯本淨，此有染淨心俱存。爲有無爲法時曰涅槃（法爾之理體），不藉因緣，本來世有，信解不得對證滅也。由佛之化緣所引起之世無偏信、世無漏慧而得斷之。佛爲化，亦非實，亦亦。乃積極長時自因行而成，故色亦無量，威力俱無邊際。緣化亦不起煩惱，永久度生不息，所當言教悉是顯理隨機也。

說一切有部謂五蘊（色受想行識）、十二處（根境）與十八界（六根六境六識）皆恒存

不滅其作用未起曰未來已起曰過去已起曰見在故以宗主三
世實有體恒有　法體雖有作用生起一依諸法集會以及
萬有之關係緣即因無獨起者否則諸法之自體且無作用況常
一主宰而循之我者耶　故名新立法有宗　然則引生存之
苦者誰與　曰不外業因與煩惱緣斷業因與煩惱緣則入涅
槃矣　下焉者須佛言教時曰聲聞中焉者不藉師教自觀十
二緣起時曰獨覺上焉者經極長時具一切種智盡斷所有煩
惱時曰大覺
犢子部者犢子外道皈佛出家　立補特伽羅為我與外道所有
之神我亦即靈魂生維生活之不同　既非五蘊之當體又非離於五蘊然

不可云全無以此貫通三世而持業爲心〻所含〻生滅類此
徧知故有〻爲聚有無爲聚有非二聚〻〻此補特伽羅也
有五法藏曰過去曰見在曰未來曰無爲曰不可說〻〻者前
補特伽羅也故此一種東藏可言之此有契
阿育王者存西前二七二至二二六年（入新國二〇 九至二五五）爲孔雀種姓
先是亞歷山以前三二七（入新國一五四）侵入印度前三二三（入新國一五八）
逝世時有旃陀羅笈多滅印北部希臘諸王東南侵摩揭陀[redacted]
稱印度帝前三二〇[redacted]（入新國一六一）都波吒釐子滅卒子賓頭沙羅
立前二七二卒其子即阿育也於國內作置正法大官主政治
道德宗教佛教本僅在恆伽河域至此乃及乎敘利亞埃及馬

其頓、克萊拿、愛比勞斯、健馱羅、北印度、喜馬羅、錫蘭矣。

阿育即位之十八年，會上座長老千人於波吒厘子城（印華氏城），是為第三結集（此南方上座部所傳），目犍連子帝須為上首，結集三藏，凡成經典七部。從來教義皆由口傳，至此始有著之文字者焉[illegible]

阿育王即位之十八年，為入戰國二二六年，周王赧獻其地於秦之明歲也。阿育使傳教於邊地：印度之西、西北、西南咸川佛教，東北則川彈那，東南亦無佛　王子摩哂陀傳教錫蘭，為佛教南行之始。

晚近學者因研究之便，以錫蘭至緬甸邊境之佛教為南方佛教，印度大陸其他亞洲諸地之佛教為北方佛教焉。　南方佛教為巴利語，多小乘；北方佛教為梵語，多大東其流行於閩有不與地理合者如闍婆在南印度行大乘教義之教者也　巴利語者錫蘭等地用傳佛說之語中亞而還名之曰巴利其義曰線也列也秩序也後更釋爲聖典之義焉東至緬甸暹羅皆用之　印度古雅之語曰吠陀語佛滅後百年波尼尼詳爲釐訂使便通行遂有後來之梵語所謂散斯克語也後更與各地方語混合而成渾合梵語古部內地流傳由北印而至西域西[redacted]藏中國且至日本焉

巴利語如摩揭陀方言

前一八四年君臣構殺之四年也孔雀朝亡熏迦朝立信吠陀教七二年亡宣帝本始二年也迦界婆朝立前二七年南方案達羅王尸摩迦并之成帝之河平二年也此朝至西元二三六年

而亡。魏文帝殁之歲七年黄初，而蜀漢後主之建興四年也。甚而北境希臘波斯塞種之侵，後漢第二九至二七年間，為月氏貴霜翎侯丘就卻所并，漢成帝建始四年至河平二年也。此後二百五十年間皆為月氏所有，至魏文帝黄初三年蜀漢後主元年至二年，其地竟迦濕彌羅抵波斯西境，東至印度河與高昌接之。後並西北印度在西元八〇至一二五年之間，印度自後漢章帝建初五年至安帝延光四年也。治此者迦膩色迦自一二〇至一五〇即桓帝和平之年，迦膩色迦都迦濕彌羅之，迦膩色迦攝羅西藏北波斯東侵波謎羅攻于闐，晚信佛教。據此方有部所傳頗盡其信一切有部佛滅後六百年尊稱迦濕彌羅為布

の次結集尋五百羅漢上座部結集説一切有部宗三藏於是大

毗婆沙論出焉（廣爲解釋之意）

小乘最後發達爲俱舍（有部　世親）成實（空部　訶梨跋摩）之有此二論

此數百年間爲律之解釋成阿毘曇摩之新（增上即解釋）毘奈耶律毘那耶

釋合爲一（斠評）調伏　爲法之解釋成阿毘達磨法此與佛説阿含

不釋合則爲一部對達磨揉則爲一藏爲論（斠評）爲法　而阿含稱

存佛説獨得經名梵語所謂修多羅之（斠評）契經

經
法—阿含—經
阿毘達磨—論
律—毘那耶—阿毘ㄋ那耶—律

- 經
  - 四阿含
    - 雜阿含　雜編次
    - 中阿含　不長不短
    - 長阿含　文句甚長
    - 增一阿含　以次編次
  - 小阿含　散存經義，次の阿含所不攝，卅種由阿含集出要義
- 律
  - 波羅提木叉　譯云別解脫，別解脫謂於身口等惡業各別解脫，列舉僧尼不可犯戒之止持
  - 犍度　譯云類聚，舊譯作持
  - 雜事　雜部韻事
- 論

大乘緣起　或云全與結集無關，別有其結構因緣，其說又有二

一曰與阿含同時別有大眾結集一曰無著 或云與阿含結集相闗[redacted]或为其一部分又或由其一部分推衍 同說似皆

大乘將振厥雜藏 小乘以雜藏於第大乘迭度和盤而併於攻

聲聞有部 此方

大乘經之流行在佛滅後五百年至六百年無考

西二世紀 漢和帝永元十[redacted]三年 婆羅門及梵文學復興 而四世紀 晉哀帝興寧元年 至安帝隆安四年 笈多時婆羅門大盛 佛滅百年有大眾部以來分派甚多 其中已有大乘分子 又與婆羅門接觸思想改變 而迦[redacted]膩色迦之世 衛臘達他 遂見國執西四 小乘東大乘歷分

大乘曰摩訶衍 衍曰 說此 許都於具鳴時 而上坐部止於小乘 以錫蘭為最 此皆第小乘言

大乘的根本精神之活動係於實證的哲學的修證的實行的佛

序論

小乘在中國未盛行　大乘則反在印勢力不及小乘入中國而

盛行者並且在印發新組織未定入中國而完備者

大乘之起於馬鳴龍樹　無著世親發揮之　護法清辯而已足

錯乎其間者　智者後無著世親不來時日中道始創判教

華嚴真言其新組織亦中道也

大乘始祖馬鳴兩一世紀初生於中印大衆部隆盛之地也　與為

迦膩色迦王師　其代上生　部力護　當時有釋迦遺之稱代之方微

其建設神秘理想的人於神秘者則此與馬鳴其尚釋

此釋迦牟尼佛入滅之付囑之馬鳴為大詩人哲學的解釋基印人所擇

起信論不於出於龍樹其論之第　無著世親攝大乘論唯識頌皆釋其論更進一步言其之極乃至圓成之實在〻〻〻〻

於此所現前有則為起信派之真如緣起說阿賴耶派之賴耶緣起說　無著世親之後分於安慧護法法之時稱大乘論師分為起信與性相兩宗護法二派起信分為護法派之唯識的唯識論實為安慧派與事融通的唯心論也

南印度大眾部之根據地也般若法性皆空之思想起焉　萬有真相亦不可得非空無吾人覺知分別其存得實也　法性因

待生因緣自有六大故法不可得 故曰不生 待因緣故不滅

非生時斷 不常 藉因緣故不斷 非先有後斷 不一 知穀與芽不

異見穀生芽 不移眼第之有時曰俗諦 諦此知其如 曰第一義

諦 不壞諸法而從真際 不動實際而立諸法 二諦二而不二

舉俗即真 是曰真空 真即舉俗 時曰妙有 言語道斷 心行

處滅 無生死何涅槃 故曰一切從心生

龍樹西歷二年（即漢和帝永元十三年）至獻帝建安五年 三世紀（獻帝建安六年至晉惠帝永康元年）時人

南印度人也 在南印度宣揚大乘說中觀 宇宙萬法之實相

非恒情所測 曰有曰無 曰非有曰非無 皆執也 以無相皆空論

破之 歸結於中道觀 此思想出於般若

此方大乘家有其他力思想焉 如十地經之十住毘婆沙論有易行品曰 不惜身命晝夜精進以不退轉是曰自力難行道也 念阿彌陀釋迦彌勒等佛名是曰他力易行道也 自力他力相對要之弟於婆羅門僧伽梵那中已有此思想 龍樹唱無所得主義實則他力往生之義於大乘入楞伽經中說之

龍樹又於南天竺鐵塔從金剛薩埵而受大日經遂直於此藏乃密教所祖

無著之阿賴耶緣起宗大成於西第四紀前半晉惠帝永寧元年至穆帝永和六年於衰世生大乘兩部之思想則於印度西北 其弟世親以

十大論師護法為最大成唯識 護法弟子戒賢授玄奘

有為法本體實有由因緣和合而生滅為三世法無為法則並
離因緣時間法爾俱有 無三世統一之體則修善積德皆失無
成佛之願乃別說一法攝貫徹無始以來之生死輪迴是為根
本識 根本識曰阿賴耶識也即其變起萬法之功能 此宗
立萬法唯識 八識者(一)眼(二)耳(三)鼻(四)舌(五)身(六)意(七)末那(八)
阿賴耶末那與第六識同隱障則一意一義彼意之識此其所
依之根也阿賴耶者藏識也 第六識有所對第七識微細無
間斷 八識任持萬法種子而不失壞種子曰名言種子概念也曰業種子名言種子
藉之 由八識變現五官萬法種子外界一切事物而分別之
起 八識所緣皆非心外之物即自心之其實觀為(一)相分綃如主觀

爲（二）見分，如分別明瞭（三）自證分，知彼分別明瞭（四）證自證分，知相
如丈尺　尺寸之智　知以
知數一時具[redacted]分爲心法　轉前五識[redacted]成所作智，利樂有情之事
之人　業轉第六識成妙觀察智，轉第七識成平等性智，轉第八識成
大圓鏡智　本有轉煩惱還要一與偏依于依第八識無偏亦
以八識爲因，佛菩薩重習而緣，由偏轉而無偏，以以成
佛果
印度此方自開有生，以阿彌陀經形而通，受其宗教思想影響
有主汝常輕科權他力往生者，思想一大乘教，此主輕明大宗
發明域的大乘教也）稱佛稱名加持科轉堵信心，此即西藏教之
與佛相應生淨[redacted]土
原始佛筆所記無考，據十住毗樹時已胚胎，至第六世紀始了知齊中興之帛至

隨文帝開皇二十年露頭角　或曰龍樹門下飛智至印度發揮自成

出義為首

(一)佛在世及佛滅後百年　九年　摂摩騰記　佛滅後二百三十
前の八五年三八四至

滿百年入于國派別未分(二)佛滅後百餘年至五百餘年
後九十六年

紀元後[redacted]十數年為佛滅後五百多年分二十部而一切
莽天鳳三年

有部為正統經為下照燈論分家阿毘曇論之中所述諸派

異說(三)佛滅後六漢安帝元初三年　紀元後一百十六後七百年六紀元後二百十後漢獻帝建

安二十一年龍樹提婆派提唱實相派大乘經為般若法華涅槃論

為中、百、十二門、大智度(四)佛滅後八百紀元後三百十六晉愍帝建興四年九百

年至紀元後四百十六年晉安帝義熙十二年無著世親提唱唯心派大乘經為楞伽、

虛空藏菩薩論而十地、顯揚、攝大乘、顯揚聖教、瑜伽師地等、（五佛
滅後千紀元五一六梁武帝天監十五千一百紀元六一六隋煬帝大業十二）護法造辯西
派大乘五師。戒賢、德慧。論大乘掌珍論（六佛滅後千六百多紀
元七一六唐玄宗開元四）而虛空藏與有陀羅尼經咒

大乘起信論の題為馬鳴造真諦譯　馬鳴者案說云先於龍樹百
餘年為大乘教中興第一人物　梁任公曰其說雖傳馬鳴事
迹以羅什馬鳴傳為近真此在有所據此本寺本䲷雅[redacted]自西藏佛藏
丹珠爾部第九十四函中有馬鳴報迦膩色迦王書其書不似
然則與迦膩色迦王同時為脅比丘弟子乃小乘一切有部中
一要人。而由文言。隋費長房歷代三寶記卷一引薩婆多記語
其造大莊嚴論緣百偈難陀南海寄歸傳語其造歌及莊嚴論
即今大莊嚴經論鳩摩羅什譯十五卷注作佛所行讚曇無讖譯始自王宮終乎雙
樹西歷十三世紀之末宋寧宗嘉泰元年之明宗萬歷四年至蒙古人達拉那達以藏
文著印度佛教史一八六九清穆宗同治八年德人西布聶譯為德文

在佛家即小所述皆無藏□　譯語亦作僕佛之循其身而百五
十頌曰最勝此与佛本行讚即馬鳴所撰佛所行讚五卷曇無讖譯之伏覺勤因錄亦起
信論與觀存斯之精義錄亦可貴僧肇功能卷十九、二十、二十三大乘起信論
諸書
佛身。宇宙本體佛學及有關者爲華嚴論　後乃有佛身。　佛
藏說。圓身遍。法身存。　異部宗輪論述佛滅後百餘年大乘部
從上坐部分派出多部中有一條云心性本淨而爲客塵煩惱
所覆此說也小乘已後一切有部及大乘北系反之大乘兩系
然之　大般涅槃經篇言一切衆生皆有佛性。佛性亦名法性。
亦名如來藏。如佛之法身。不　又諸佛生所
龍樹第以內身外有法身無量

更立應化身。金剛般若論、法華論等三身之說，曰法身佛、報身
修行數應身生化身，爲北方所譯十地論所云第一身，本體真如爲第二身
佛性如來藏爲第三身之肉身也。應化示現，金光明經、攝大乘論曰法身、應身、化
身，即自性身、受用身、變化身，南方所譯攝大乘論云隱名佛性
名如來藏，不離析爲二，故北所謂不一身不二身不甘露居方淺
身示共所云第三身也，則首相應示第二身菩薩，第三身也化小乘
此爲北方地論派與南方攝論派之爭。常住之體相用三大
常住則體相大合一爲法身，剛大爲凡夫二乘所見爲應身，菩薩
所見爲報身

大方廣佛華嚴經。八十卷。唐于闐三藏沙門實叉難陀譯。前有天册金輪聖神皇帝序。云證聖元年乙未月旅姑洗十四日譯。聖曆二年己亥十月八日繕寫畢。龍樹在龍宮所見者。上本有十三千大千世界微塵數偈。一四天下微塵數品。中本四十九萬八千八百偈一千一百品。非閻浮提人心力所持。下本本十萬偈四十八品。今譯四萬五千偈八十卷三十九品。梁攝論名此經爲百千經。即指十萬偈而言。大智論亦稱爲不思議解脱經。西域記知遮俱槃國山中有此身本。此經譯本有四。(一)晋義熙十四年北天竺三藏佛度跋陀羅此云覺賢譯。今所傳晉譯本是也。僅三十四品。(二)唐永隆元年，中天竺三藏地婆訶羅此云日照譯。入法界品內兩處脫文。一從摩耶夫人以至彌勒菩薩前，中間天主光等十善智識。善在此本弟七十六至七十八卷。其廣有甚略者。疑此譯出非全文也。一從彌勒菩薩以至三千大千世界微塵數善知識，中間文殊申手摩善財頂十五行業。此本第八十卷。(三)則天遣使于闐迎來梵本。實叉難陀此云喜學。與義淨三藏、弘景禪師、圓測法師、神英法師、法藏法師、賢首法師同譯。復禮法師潤文。即此本。而脫日照所補文殊摩善財頂十五行。(四)則賢首以新舊兩經勘以梵本，將日照補文。安喜學脫處補也。見華嚴經略策。此本後附普賢行願品第四十卷一卷。秉普賢行願品。凡四十卷。唐罽賓三藏般若詔譯。即前經入法界品。此末一卷。普賢說十大願。為前本所無。故今刻取此一卷。以附其後。閱藏知津云。此譯文理俱優。不讓實叉難陀。而知識開示中。更為詳明切於日用。切救末流世弊。最宜一總流通。

今以予意摘其佳者列為上中下三品。餘亡謂者不及 菩薩問明品上 淨行品上 賢首品下 十住品上 梵行品上 發心功德品下 明法品上 夜摩偈讚品中 十行品上 十無盡藏品上 十回向品上 十地品上 十定品中 十通品下 十忍品下 不思議法品下 隨好光明功德品上 普賢行品下 如來出現品中 離世間品中 入法界品中

華嚴一乘十玄門。一卷。釋智儼撰法界宗二祖承杜順和尚說初祖

華嚴經義海百門。一卷。唐沙門法藏撰。凡分十門，各析十義。
此書頗切要
華嚴經明法品內立三寶章。一卷。唐沙門法藏撰。切要
流轉章。一卷。法藏撰。說生滅流轉極精要
十世章。一卷。法藏撰。精要
玄義章。一卷。法藏撰。極精要
華嚴法界玄鏡。三卷。題澄觀述。實杜順作，澄觀益為作注。極
精深圓徹。卷末云：文緒云華嚴法界玄一卷，今其本文在內，別題曰華嚴法界玄鏡，蓋澄觀作注後增一字為名。
注華嚴法界觀門。一卷。宗密注。正文即杜順華嚴法界玄，注點
與澄觀相出入。治華嚴者當將杜順此文讀熟，則於法界徹

相著述均易明了矣

大方廣佛華嚴經要解。一卷宋比丘戒環撰簡明便初学

原人論。一卷唐沙門宗密撰凡四篇先斥儒道及人天小乘大乘法相大乘破相諸教之非以見一乘顯性之教方為了義末乃會前所斥同歸一源則即儒道亦自是處極精深

梁譯大乘起信論。一卷拘蘭難陀譯名真諦摩伽陀三藏

唐譯大乘起信論。二卷實叉難陀序云與華嚴經相次譯後神秀受與舊翻時有出沒　案梁譯通行故唐譯實較勝要同處梁譯晦澀唐譯明暢處多唐譯晦澀梁譯明暢處少

弘明集。十四卷梁楊都建初寺釋僧佑撰集當時道俗衛法之

文自一卷至十一卷皆辨似人經請及之道家辯難之辭十二
卷記慧遠桓玄沙門致敬王者何充桓謙王謐慧遠等執
論論未決玄卒不爲行其意觀此和近世之基督教士爭跪拜
之禮之無謂矣此書可考當時[illegible]佛教情形並可見道教情形
宗僧祐集有最錄神不滅論一文曰神不滅者敵問詭氏之言
與此集載神不滅論二篇一宋宗炳少文作一宋鄭道子作宗炳
較精卷五更生論亦精
等不等觀雜錄。一卷清楊文會撰前爲與人論佛法書函次
十宗略說一篇次答西蜀德高長老問答十八問次答閩方植之
向果微言書後一篇又會最明心淨土疑其答日本淺田藤梓真

者於稱名外一概斥為外道，亦加敗斥，可見其持論之平 十二緣起

說阿含示學佛門道極切要，蓋阿含剖析心相尤為益於初學

比丘○此云乞士，謂上乞法於佛，下乞食於衆生，亦曰破惡，亦曰

怖魔 僧衆也

南無○此云歸命

菩薩○具云菩提薩埵 覺有情 一曰薩埵此云成衆生，謂用佛道

成就衆生也

如來三種業用○意業備知，口業無礙，身業救世 色身隨類

業，謂心業，謂如意業，謂身業，謂口業，具體謂業隨時

摩訶衍信根○摩訶衍者大乘信根

修多羅○唐譯作大乘經与阿毗達磨為對蘇

阿賴耶○義為藏備具三藏義故 三藏 謂能藏識能藏諸法 所藏於自體 執藏

藏識能於諸法 我愛執藏 有情執為自內我見

八風○謂財名利失即名衰 譭惡為毀 讚善為譽 當面讚善曰稱

背面譏惡曰譏 逼迫為苦 適悅為樂 謂之風 其能使衆生心海

起貪嗔煩惱浪故

奢摩他觀義○止也

毗鉢舍那觀義○觀也

阿耨多羅三藐三菩提○阿無也耨多羅上也三藐正等三菩提

正覺 此云無上覺 究竟正智 如理偏智 無常 [redacted] 作覺 知真似智

阿彌陀佛○阿無也彌陀量也佛覺也　願力大照光明無量願
以大照耀而無量無邊諸佛稱無量壽佛無量光佛即此
菩薩為大緣覺為中聲聞為小乘
阿羅漢○聲聞乘之第四果　大阿羅漢菩薩以轉入大乘者
也
長老○德儀而未識境界者
賴耶○法宗之義為一識
阿逸多菩薩即彌勒菩薩○阿逸多此云無能勝彌勒此云慈氏
彌勒於釋迦滅後一千萬年方成佛道釋迦化度未熟之眾生皆
以付之

釋提桓因○此云能天主即世所稱天宮玉帝也
三十三天四大天王欲界天權居六欲界天○玉帝居忉利天宮
宮在須彌山頂旁有四面々各八重總名三十三天　忉利之
下須彌山腰有東西南北四大天王即第四十種四天　忉利
之上虛空而住夜摩、兜率、化樂、自在、合之忉利四王名欲界
天也又此以上無慾女人名色界天也又此以上無慾色方名
空界天也三界之中欲界最雜色界無有感佛威神現有聽法
此非思議所能及也
大衆○通指諸界天上天下龍鬼神仙人物之諸聽法者
世界○世者時也○謂過去現在未來○界者地也○謂八方上下○

娑婆○堪忍也言衆生忍苦也
西方非西方淨土○西方乃天竺國是娑婆内之西方非娑婆外
之西方
衆陰○五陰也色之一陰在自外諸受想行識在自内心
復次○再言也
阿僧祇劫○阿僧祇者數也
須彌此云妙高
遮摩佛○遮摩此云淨也
釋迦牟尼佛○釋迦此云能仁牟尼此云寂默
阿修羅○此云非天也有天之福無天之德常與天帝爭因以入

佛刹三畫一涌便於淨土　亦云阿彌陀此云無邊

陀羅尼。總持也。總一切法持無量義也。此土亦稱為呪。　呪為

密言不當飜譯。又謂之乃是奇應

四恩。天地也。君也。親也。師也。出家又父母。師僧。國王。檀越。

の識八識。八識卅眼耳鼻舌身意為第六識意為第六識細意不

种識故名第七識。一之覺等含藏種子故名第八識。轉前五

識為成所作智。轉第六識為妙觀察智。轉第七識為平等性智

轉第八識為大圓鏡智

六通。天眼、天耳、神足、他心、宿命、漏盡　華嚴亦有十通　華

嚴卷三十五十地中第三地又卷五十七離世間品又十通品

阿蘭若。此云寂靜處，若音惹

唐捐。徒棄也

玻瓈。亦作頗黎。此云水玉，千年冰之所化也。頗黎梵音，亦云塞頗胝也。此云水玉，亦云水精

塹。讀塹，切濠也

卍。音萬。按卍字本非是字。武后長壽二年，權制此文，著於天樞。

音之為萬。謂吉祥萬德之所集也。華嚴經音釋卷八

宗通說通。即教證二道。佛法種類有二門，一者宗通，二者說通

自宗亦名證，說亦名教，即教證二道。宗通示修行，說通示未悟

對色名空，亦滅色名空。謂空在色外曰二：一對色明空，空如牆內不空，牆外是也；二滅色明空，謂如穿井除土而空也。

以次當有○簡別有一類名言之辭
不思議○此則離戲論不可思○言語道斷俱不可議
三藏二藏○三藏之中曰摠修多羅藏並論緣二　言三藏者一
修多羅此云契經二毗奈耶此云調伏三阿毗達磨此云對法
即經律論三名為三藏也　言二藏者一聲聞藏二菩薩藏即
以三藏隨大小乘開合不同
業有三種○一惡二善三不動
根有三性○現根生根因根
受想行識○心之四蘊受謂領納想謂取像行謂造作
廿念之處識謂了別也

孔子出世之意也見日常摘録佛論不一而足且又佛典已見似儒

所編書在滄浪之上言自出於世載之數傳於史漢考總關於阮樊道

弘明集

卷二

泥洹。晉言無爲也　弘明集卷一正誣論　即涅槃

佛不可學。云何學菩薩（何菩薩道）而云修成佛道　佛爲相

本無以空題目本作無爲但何菩薩道學菩薩道相本無目的

自號無爲何化

十二緣生。無明緣行，行緣識，識生名色、生六入，六生觸

生受、生愛、生取、生有、有生生生老病死苦

帝釋。此言能主能與諸天作主故

梵○譯也

似境○似聞之境，虛而難之○是二乘所染而覺之○是凡夫法○　若

菩薩有大直觀，故以智行生於真如於世間無境可染，亦無所染

境○但[redacted]由大直觀○門於此○

觀世音○菩薩之觀[redacted]自在甘非也，菩薩之觀世音甘西也

禪[redacted]禪古德三宗，學者所居之寺所依之派亦有區別　禪請待（竹窓二筆）

立禪（竹窓二筆）

一子出家九族生天，出家利益（竹窓三筆）

施主一粒米[redacted]大如須彌山，若還不了道，披毛帶角還（因上）

二乘聞聲地獄拔超

於聞事外求真動，而非於菩薩即事而真動，而並動不離常寂。

法界二字之義　華嚴[illegible]　法界名別

善財求友南方　附圖　求西上善

佛教行果二三四五之不同　華嚴教義章卷一

涅槃○此云圓寂

佛法僧○佛陀此云覺者　達摩此云法　僧伽此云和合眾　緒論

云僧伽秦言眾，多比丘一處和合是名僧伽

補特伽羅○或云福特伽羅，此云數取趣，言數數往來[redacted]諸趣也

記莂○莂并列切，記莂謂授將來成佛之記，莂國名號之莂也

循身觀○謂循觀此身皆不淨也

十不善業。(一)殺生(二)偷盜(三)邪婬(四)妄語(五)兩舌(六)惡口(七)綺語(八)貪欲(九)瞋恚(十)邪見

麽捷。此云慈尊

摩醯首羅。此云大自在

縛芻。此云青河

搩尺量虛空。如人持尺量虛空，復有隨行計其數，虛空無邊際不可得，如來境界亦如是。華嚴經卷五十如來出現品

因陀羅網。因陀羅此云帝

五體投地。二肘二膝及頂至地也

華鬘。莫盧及梵云俱蘇摩〻羅，西域多利首冠華鬘，亦佩瓔珞

結鬘。師云用此華作列結之，以條貫無問男女貴賤或首或身

皆以莊嚴

支提○或曰制多，此云靈廟，又翻可供養處，又翻滅惡生善處。雜

心論云有舍利曰塔，無曰支提。

僧伽藍○舊云僧伽羅摩，僧伽衆也，羅摩院也

佛陀○具譯○三破論云佛舊經本云浮屠○羅什改為佛徒○知其源惡○故僧

禕改為佛圖○舊經云喪門○由羅什改為桑門○僧禕改為沙門○

見劉勰滅惑論 弘明集卷八

各各不相知○是故彼一切，各各不相知。譬如河中水，湍流競奔

逝，各各不相知，諸法亦如是。亦如大火聚，猛燄同時發，各各不

相知，諸法亦如是。又如長風起，遇物咸鼓扇，各各不相知，諸法
亦如是。又如眾地界，展轉因依住，各各不相知，諸法亦如是。華嚴
經菩薩問明品

菩薩在家。佛子，菩薩摩訶薩在家宅中，與妻子俱，未曾暫舍菩
提之心。正念思惟薩婆若境，自度度彼，令得究竟，以善方便化己
眷屬，令入菩薩智，令成熟解脫，雖與同止，心無所著，以本大悲
處於居家，以慈心故，隨順妻子，於菩薩清淨道無所障礙。菩薩
摩訶薩雖在居家，作諸事業，未曾暫舍一切智心。所謂若著衣
裳，若噉滋味，若服湯藥，澡漱塗摩，迴旋顧視，行住坐臥，身語意
業，若睡若寤，如是一切諸有所作，心常迴向薩婆若道，繫念思

摧魔無時舍離等一切佛迴向 佛華嚴經卷廿四

薩婆若。此云一切智若爾者切

辛頭。即信度河。

古代印度航海至中國。見西域之佛教第卅二

佛國常拜蔚藍。此言神與他力之觀念為之也生卒之池遺物

諸文崇拜

佛教之兩大派。兩具三藏地段穩定化徵此不完備與未穩思

想極簡多化大

元始佛教史材料 印度佛教史略葉廿の

巴利律文五部分 印度佛教史略葉廿七

宗教｜佛

法顯東歸主龍華寺 攜西天竺石

出極洄州注第・十八

宗教

白馬寺

出經數出法 16 19

佛

楚王英造阿育王寺

出經獲出法 23 20

宗教

魏於閹官使佛營造 平城佛寺

魏書列傳 卷十三 頁八九

武州石窟

又 十三、十二

永寧寺

胡太后所營見劉騰列傳 16行

宗教

傳之傳

那須伽那住其十三

衆聖點記

見陶希聖中國政治思想史三冊一九六葉

依衆聖點記，佛涅槃在紀元前四八五年

迦膩色迦與佛教○迦膩色迦王見史略頁五下在西二世紀後漢和帝永元十三
至獻帝建安五調和兩派薈采波斯西域各地之說　大乘又有二派
南大衆般着部印度的主知北受希臘等影響崇拜祈禱他力往生
時為西域的主情　龍樹西二三建安六至晉惠帝永康元世紀中人生於
南印度貝拉尔の見史略八上　菩　提婆出西三紀生於錫蘭至印学
於龍樹後繼印土弘揚大乘為外道所殺　其弟子羅睺跋陀
羅四世紀時晉惠帝永寧元至安帝隆安四　五世紀隆安五至齊東昏永之二　南印度有
佛護　五世紀末有清辯
西第二六陳武帝同年三　安慧接主從藏摩揭陀佛教後失其傳達

西北西印度通大月氏南侵據印度河源後乃東略至拉合爾止
罽賓并西北印諸喀布爾河印度河合流處之恒河西北西印部為刧却重滴隋珍滅
達摩悉鐵帝印度史第三章卅一迦膩色迦子
佛教中樞南方佛教集于師子國迦膩色迦王召集の
此結集時南印度僧人不予佛教乃分西北南自師子國佛教
印北自北印傳中亞至天山南路後遂傳の為結集在迦濕彌羅今見什東亦
彼多王轄據曲女城在恒河上流而南岸史作寧雲 西三
八一四元帝大笈多王據曲女城傳三世至旃陀羅笈多一世
匝大月氏侵印度西北境傳六世而亡
嚈噠攻大夏之遺民蔥嶺西烏滸河南之地 大夏 吐火羅國故地
都拔底延印王舍城也 印度史三章十五葉 [redacted]

西五二〇（梁武帝普通元）五三〇（中大通二）間，北印度烏萇國興起日王

尸羅逸毖（為一世）[redacted]嚈噠苻西北中印，出子戒日王，即貞觀十五年

自稱摩伽陀王者也

印人習玄趙而佛陀重實踐，精不為人所用。於其實霜朝之剎

文化興於印大乘也　蓋在西二世紀（漢和帝時之十三）第五試帝建安五　婆羅

門教與梵文學復興，佛教方面遭の世紀大厄

頻棄之子。頻光召龍樹中觀派有關，為與西德，以無著阿賴耶緣起論

又名瑜主，知密在威情信仰方面重情，稱佛稱名，如持村稱持

伽宗，為重信心與彌佛稱支期生淨土其係也，非凡夫所及，故立祕

密　遮那門持伽梵歌已有他力，龍樹住十地，得十住毘婆沙

論易行品念佛方便得不退轉見於西天竺鐵塔文金剛薩埵

百論大小經　西六世紀梁武帝中興元至梁敬帝[illegible]　隋文帝開皇二十

印度佛教之衰○事在西八世紀　摩出使於西域中國印度不

小乘教為於諸思禪宗教別東[illegible]觀二（八世紀唐武后長安）至德宗貞元十六

西域佛教与中國。大夏當月氏王治之時，人亦受希臘文化
塞[illegible]治之先，有安提阿[illegible]斯（見西域之佛教四六）當阿育王時，方時
祆教以外佛教當衝突（第二四八（八二三三到二五〇八二三一國））
大夏遂與多提斯一世立後百十年由優提德摩斯，此後更特
更有希臘人侵入印度內地，或云即那先比丘經之彌蘭王也，優提
德摩斯之子亦當南征至阿富汗及旁遮普（西域之佛教五二）阿育
王傳說謂大夏亦奉佛（第九一　阿育王時　伍和二）大月氏服之紀元前第[illegible]
遂度葱嶺南入大夏境（大夏都巴克特里亞，見西域之佛教第六二）及於大雪山以北佛教
中亞那一時乃亦其中土根據之稿[illegible]

斯時佛教之傳布，西元三世紀貴霜帝國崇之，[嚈噠帝國亦崇之]，至中葉自印中至
印西北兩世紀，[貴霜帝國偉之]，到安息帝國隆盛之初，西至土耳其斯坦及阿
富汗斯坦一帶，北部與中亞細亞大乘教盛，而同時迦濕彌羅、健馱
羅爲小乘中心。此爲北印佛教中心，中國小乘係出于此。
西域與印度同，亦無歷史。其東中國傳教者，月氏、安息[罽賓]
康居[高昌]、粟特、于闐、龜茲、罽賓諸民族。自康居、月氏、僅巴而見諸
葱嶺至疏勒，其北道也。自天山南路巨道已盡也，此則直布[illegible]
葱嶺至于闐者，西道也。嚈噠東西據險隘，後爲佛界未知
之語文，與其中粟特古語，[得獨自成城及巴克特里亞、吐火羅古語]此亦屬伊蘭語系，[illegible]
東方伊蘭語、波斯、大月氏語，佛典與康居、東部寫見多，[塔里木河一帶]爲古地語

和闐及[illegible]間，塔里木不見，爲地西。
康居、安息與西元三世紀時衰亡

阿輸加（王即阿育王）初暴惡，稱惡阿育，皈依佛，因法阿育　印度佛教史略

二葉卅（事也）又見葉の一至の三

佛教分派經律論撰重在因　印度佛教史略葉卅四五

以吠陀兼補佛經　印度佛教史略葉卅の五

世親駁衆說，衆賢文駁之　印度佛教史略葉三五

僧祐：晉宋間佛學初行，其徒猶未有僧稱，通曰道人，其姓皆

從所受學，至道安始言佛氏釋迦，今爲佛子宜從佛氏，乃皆姓

釋　國學紀聞六廿引

百林葉選署錄語

費長房（隋翻經博士）著歷代三寶記，可考譯經始末

高僧傳中西域僧來華者　漢明時攝摩騰、竺法蘭皆中天竺人

東譯の四十二章經竺法蘭譯種出の佚五　安清字世高安息王子傳經
時譯經三十九部　支婁迦讖亦曰支讖月支人靈帝時譯經
三　竺佛朔天竺沙門靈帝時譯經　安玄安息人譯經　康
僧會康居人世居天竺父爲商賈移交阯僧會東遊地於吳
支謙字恭明月支人受業支亮　支亮受業支讖譯經　佛
圖澄鳩摩羅什等皆西僧
禪宗の初祖達摩二十八祖達摩中土初祖也二祖慧可三祖僧
璨の祖道信五祖宏忍六祖慧能五祖傳衣鉢曰衣止汝不
復傳　六祖弟子最著者南嶽懷讓衡州青原行思吉州二宗　唐末南
嶽の溈仰　靈佑福州長谿人居潭州溈山　慧寂韶州懷化人居袁州仰山　傳臨濟　義玄曹州人居鎮州臨濟

寺　青原分曹洞　良价越州会稽人居豫章高安之洞山　云门文偃

弟子本寂泉州莆田人路山名曰曹

浙西秀州人居　法眼文益余杭人居金陵

韶州云门山　清凉寺谥法眼禅师

元时常争禅教之盛　阶路翳来　卷十八

此据印度祇户佛图户　阶路翳来　卷十八

大梵。宇宙之流动甚实体为何耶　优婆尼沙昙曰实体者大

梵也(一)不变(二)识独一体故无私业故无所知亦无能知(三)故绝

智(四)故绝乐无待于他故　人之灵魂与此是一　计执有我

痛苦之因造种种之业以利我故　由是假我有生死相　解脱

我执证得大我々々了解无物寄　视人为非独立之现象为大

此较汎神论唯物汎神论之

大量

撑出之则出生死矣　执我者即实体自身非实体外有我

以此世界爲自真實，世界非幻想也，而我覺（實無此世界）世界有幻想，由自起。大梵之外無物，否則幻想之存在仍在大梵中矣。真我皆於梵，大者之佛性無明遮之，故淪苦海。菩薩求證此性者之修成佛陀，救度衆生，非企滅之涅槃，與業之關係之滅。

數論○亦曰僧伽派，爲二元論，謂宇宙有自性及神我。自性一切有情之物質，時動恆動，爲組合的，而常變的。神我則常直。所謂個體靈魂，非物質的。自性爲動者，而神我無與，人幻想自相之意識謂神我是爲苦樂，交解脫之法○印度既明數論之法，且三百年後行日知修日持修

川傳世書以陀三傳書(三)祀神(二)并施婆羅門以求超升輪迴
之說起於升天亦不能久矣既求升天皆求免生死流轉矣　如
修世本尊覺智慧得證得一　二　三　一　二　三　自修昔川始修昔
川則自覺修行之非於此時覺肉　昔川立難而川有其覺無始無起
不獨神不信最上至一之主宰排斥種種崇拜相信有常存之个
體靈魂　共解脫得為輪迴　共論說善業亦可生天而不再生
乃得解放　此中要的為者那末由印土　至今仍存於佛之重要之原
理則の論也　功用在證得無我解脫寂靜之學時曰涅槃今日東佛已[illegible]
[redacted]自覺[redacted]覺悟之學
要之神亦解脫　與羅佛教宗法要佛　以其口說以我所[illegible]　傳阿羅漢乘修佛陀　共者自力而因也

實證不甚了，其偶存之傳說，多支離迂曲。此印度教之所由興也。印度教久存於民間，二方面一事混雜，一事廣被，為最高神話及傳說也。此蓋佛教傳說更援（見宗教之出世與長成，叢一八二）轉更援世俗信仰之義。詳見混種自與婚已來，迄需要特別迫切時也。該出譯世信，其後此緣者脫離輪迴之出紀者。佛教由此興實遺外譯之宗也神不滅論。以弘明集有宋宗炳、鄭道子兩作，宗炳之作似教信北史隋本紀高祖文皇帝，武元皇帝之長子也。皇妣曰呂氏，以周大統七年六月癸丑夜，生帝（高祖）於馮翊般若寺，有紫氣充庭。時有尼，來自河東，謂皇妣曰：此兒所從來甚異，不可於俗間處之。尼將帝（高祖）舍於別館，躬自撫養。皇妣嘗抱帝（高祖），忽見頭上出角，遍體起鱗，墜帝於地（皇妣大驚，墜高祖於地）。尼自外入見曰：已驚我兒，令晚得天下。（此宜作一止 隨書）

又仁壽三年夏四月癸卯詔曰：六月十三日，是朕生日，其令海內為武元皇帝、元明皇后斷屠。（十一頁 隨書二 8上）

又煬帝大業六年春正月癸亥朔，旦有盜數十人，皆素冠練衣（白），焚香持華，自稱彌勒佛，入自建國門，監門者皆稽首，既而奪衛士仗，將為亂。齊王暕遇而斬之。於是都下大索，與相連坐者千餘

（隋書三卷十五上）

寺。（十二之三之六）隨书

大十年五月戊子，以往年征遼，天亡殁衆。……今宜遣使人分道

收葬，設祭於遼西郡，立道場一所。（千之五）

北史后妃傳隋文獻皇后獨孤氏，嘗夢周阿史那后言受罪苦，

求營功德。以日言之上，為立寺追福焉。（千之五）

北史王劭傳（慧記五）劭於是采民間歌謠，引圖書讖緯，依約符命，捃

摭佛經，撰為皇隋靈感誌，合三十卷，奏之。上令宣示天下。……

及文獻皇后崩，劭復上言曰：佛經說人應生天上及上品上生無（作都中）

量壽國之時，天佛放大光明，以香花伎樂來迎之。如來以明星

出時入涅槃。伏惟大行皇后聖德仁慈，福善禎符，備諸祕記，皆

六是物善蓋(?)臨。匡(?)僅(?)葉。八月二十二日。仁壽宫內。有兩金銀之
花。二十六日。大寶殿西夜有神光。二十四日卯時。新安宫北有
自然樓閣音樂。雲滿虛空。西夜五更中。奄然如寐。便即升遐。與經
文所説。事皆符驗。……后生處所。一百花內。夜有鍾聲三百餘
處聲(?)。則生天之驗然也。士(?)贊(?)且悲且喜。(置仁)隨方究(?)此
刺史薛濬(?)付薛綱(?)濬為兒時。與宗中兒戲濱(?)。見一黄蛇有角
及足。召群童共視。了無見者。以為不祥。歸大憂懼。父問之。
第時有胡僧。詣宅乞食。父以告之。僧曰。此兒之吉應。且此兒早
有名位。然壽不過六七耳。言終而出。忽然不見。濬終於四十二。
六七之言驗矣。(出隋書)

北史王誼傳：王誼……與禮稍薄。誼頗怨望。或告誼謀反。帝令案其事。主者奏誼有不遜之言，實無反狀。帝賜酒而釋之。時上柱國元諧亦頗失意。誼數與相往來。言論醜惡。胡僧告之。……乃賜死於家。（高祖）隋文帝時

又王世積傳：王雅拜涼州總管。……帝家。其親信安定皇甫孝諧有罪。吏捕之。亡抵世積。不納。由是有憾。孝諧竟配防桂州。事總管令狐熙。熙不禮焉。孝諧因徼幸上變。稱世積嘗令道人相其貴不。道人云當在國主。謂其妻曰：夫人當為皇后。……世積竟坐誅。……（高祖）隋文帝時

又韓擒傳：子翕。翕弟僧壽……弟洪。煬帝時以。不恒有。見白骨

被毁。以问侍臣曰。往世佛法与儒对峙也。帝阅其传之。收葬骸骨。仍命五郡沙门为设斋供。此（八 6上，五三 21下）随书

此又随宗室诸王传滕穆王瓒子纶之。以穆王故。为文帝所恶。每不自安。炀帝即位。尤被猜忌。纶忧惧。呼术者王琛问之。……有沙门惠恩崛多等。颇解占候。纶每与交通。常令此三人为度星法。（四四 8上）随书列传

又秦王俊（文帝三子）。俊仁恕慈爱。崇敬佛道。请为沙门。不许。此（四五 8上）条俊极奢侈。以好内为妃崔氏所毒杀。随书

又越王侗（炀帝子元德太子昭之子）。世充遣其侄行本赍鸩诣侗曰。愿皇帝饮此酒。侗知不免。请与母相见。不许。遂布席。焚香礼佛。咒曰。从今

以壽殁。不生帝王家。及仰葉。亦封時陵。更以帝禮之。（十三 五上）隨書五九下

北史高熲傳。時太子勇失愛於上。潛有廢立之志。謂熲曰。晉王妃有神告之。言王必有天下。若何。熲長跪曰。長幼有序。其可廢乎。上默然而止。獨孤皇后知熲不可奪。陰欲去之。初熲夫人卒。后言於帝曰。高僕射老矣。而喪夫人。陛下何以不為之娶。帝以后言告熲。熲流涕謝曰。臣今已老。退朝唯齋居讀佛經而已。……（七二 三上）

……沙門真覺嘗謂熲曰。明年國有大喪。尼令暉復云。十七、十八年。皇帝有大厄。十九年不可過。（七二 五下）隨書

又元諧傳。時上柱國王誼有功於國。與諧俱無任。數相往來。……誼謀反。帝按其事。無狀。慰諭釋之。（七三 上）隨書四十 五下

北史宇文述傳司馬德戡，扶風雍人也。父元謙，仕周爲都督。德戡幼孤，以屠豕自給。有桑門釋粲，通德戡母和氏，遂撫教之，因解書計。（卷七九上）

隋書宇文化及傳（卷八五）

北史儒林傳辛彥之，遷潞州刺史……彥之又崇信佛道，於城内立浮圖二所，並十五層。開皇十一年，州人張元暴死，數日乃蘇，云遊天上，見新構一堂，制極崇麗。元問其故，云潞州刺史辛彥之有功德，造此堂以待之。彥之聞而不悅。其年卒。（卷八二）

又酷吏傳王文同，及帝煬帝征遼東，令文同巡察河北諸郡。文同見沙門齋戒菜食者，以爲妖妄，皆收繫獄。比至河間……求沙門相聚講論，及長老共爲佛會者數百人。文同以爲聚結惑衆，盡斬之。又悉裸僧尼。驗有淫狀。非童男女者數千人。復將殺之。郡中士女。號哭於路。諸郡驚駭。具奏其事。帝聞而怒。遣使者達奚善意馳鎖之。斬於河間。以謝百姓。（卷七四）隋書酷吏傳

北史藝術傳時又有沙門靈遠者。不知何許人。有道術。嘗言尒朱榮成敗。預知其時。又言代魏者齊。葛榮聞之。故自號齊。及齊神武至信都。靈遠與勃海李嵩來謁。神武待靈遠以殊禮。問其天文人事。靈遠曰。齊當興。東海出天子。今王據勃海。是齊地。又太白與月並。宜速用兵。遲則不吉。靈遠後辭去。將歸。[illegible]求之。不知所在。（卷八九）

又萬寶常傳[illegible]校益樂器。不可據紀。其聲雅淡。不爲時人所好。大

常善聲者。多排毀之。又太子洗馬蘇夔以鐘律自命。尤忌寶常。
夔父威。方用事。凡言樂者附之。而短寶常。數詣公卿怨望。蘇威
因詰寶常。所為何所傳受。有一沙門謂寶常曰。上雅好符瑞。有
言徵祥者。上皆悅之。先生當言就胡僧受學。云是佛家菩薩所
傳音律。則上必悅。[redacted]先生所為可以行矣。寶常然之。遂如其言以
答威。威怒曰。胡僧所傳。乃四夷之樂。非中國宜行。其事竟寢。卒
75 述 六隋 四上 書

隨

隋高祖紀開皇十年……[redacted]道人……等。皆自稱大都督。
又隋州縣詔……楊素討平之。（四）之
又二十年十二月辛巳詔曰……敢有毀壞偷盜佛及天尊像。嶽

鎮海瀆神形者。以不道論。沙門壞佛像。道士壞天尊者。以惡逆

論。（三4下）

又仁壽元年六月……乙丑……其日。頒舍利於諸州。（二4上）

隨書禮儀志。祈雨。初請後二旬不雨者。即徙市禁屠。州郡尉祈雨。

……徙市斷屠如京師。（七4下）

又律曆志。開皇官尺。或傳梁時有誌公道人。作此尺。寄入周朝。云

與多鬚老翁。周太祖及隨高祖各自以為謂己。周朝人間行用。

及開皇初。著令以為官尺。百司用之。終於仁壽。大業中人間或

私用之。（十4上）

又五行志上。開皇十七年。大興城西南四里。有袁村。設佛會。有老翁。

皓首白布褐衣。來食而去。衆莫識。追而觀之。行一里許。不復見。但有一陂。中有白魚。長丈餘。小魚從者無數。人爭射之。或弓折弦斷。後竟中之。剖其腹。得秔飯。始知此魚向之前也。後數日。潛渠暴溢。村人皆溺死。（出三吐）

又大業九年。帝在高陽。（是年征遼東因楊玄感叛而還閏九月幸博陵十月丁酉詔改博陵為高陽郡）唐縣人宋子賢。善為幻術。每夜樓上有光明。能變作佛形。自稱彌勒出世。又懸大鏡於堂上。紙素上畫為蛇為獸及人形。有人來禮謁者。轉側其鏡。遣觀來生形。或映見紙上蛇形。子賢輒告曰。此罪業也。當更禮念。又令禮謁。乃轉人形示之。遠近惑信。日數百千人。遂潛謀作亂。將為無遮佛會。因舉兵。欲襲擊乘輿。事泄。鷹揚郎將以兵捕之。夜至其所，遶其所居。但見火坑，兵不敢進。郎將曰：此地素無坑，止妖妄耳。及進，無復火矣。遂擒斬之。并坐其黨與千餘家。其後復有桑門向海明。於扶風自稱彌勒佛出世。潛謀逆亂。人有歸心者，輒獲吉夢。由是人皆惑之。三輔之士，翕然稱爲大聖。因舉兵反。衆至數萬。官軍擊破之。（四三頁）

隋書刑法志：帝以年齡晚暮，尤崇尚佛道。又素信鬼神。二十年詔沙門道士壞佛像天尊，百姓壞嶽瀆神像，皆以惡逆論。（四五頁）

又百官志：昭玄寺掌諸佛教。置大統一人，統一人，都維那三人。亦置功曹主簿員。以管諸州郡縣沙門曹。（四七頁）

又郡縣佛寺改爲道場，道觀改爲玄壇。[redacted]各置監丞。煬帝紀（四八 15下）

梁有齊司徒臨沂令王寔之梁釋法通等乾坤義疏一卷亡(卌二頁)

隨書經籍志古今樂錄十二卷陳沙門智匠撰(卌二頁) 釋慧始

注孝經一卷亡(卌二頁) 孝經一卷釋慧琳注(卌二頁) 釋僧智略解

論語十卷亡(卌二頁) 韻英三卷釋靜洪撰(卌二頁) 雜體十

九卷釋正度撰(卌三頁) 僧家書儀五卷釋曇瑗撰(卌三頁)

高僧傳六卷虞孝敬撰(卌三頁) 遊名著述一卷傳……(卌三頁)

佛國記一卷沙門釋法顯撰 歷外國傳一卷沙門釋智猛撰

(卌三頁) [illegible]洛陽伽藍記五卷後魏楊衒之撰 [illegible]海青川水

京記一卷釋道安撰 京師寺塔記十卷錄一卷劉璆撰 京

師寺塔記二卷釋曇景撰 外國傳五卷釋曇景撰 歷國傳

二卷釋法盛撰(卌三頁) 世界記五卷釋僧祐撰 大隋翻經

婆羅門法師加關等五卷（四三上） 釋惠琳注老子道德經二
卷 老子道德經二卷釋惠嚴注云（四の上） 老子義疏一卷釋
惠嚴撰云（四の上） 婆羅門天文經二十一卷婆羅門捨仙人
所說 婆羅門竭伽仙人天文說三十卷 婆羅門天文一卷
（四の上） 摩登伽經說星圖一卷（四の上） 婆羅門算法一卷
婆羅門陰陽算曆一卷 婆羅門算經三卷（四の上） 陽遁甲九
卷釋智海撰（四の上） 陰遁甲九卷 寒食散對療一卷釋道洪
撰 解寒食散方釋智斌撰 釋慧義寒食解雜論七卷云
釋慧義解散方一卷云 釋僧深藥方三十卷云 摩訶出胡
國方摩訶胡沙門撰（四の上） 諸藥異名八卷沙門行矩撰本

十卷今殘（四の卅）　單複要驗方二卷釋莫滿撰　釋道洪方
一卷（四の卅）　釋僧匡鍼灸經一卷（四の卅）　楚辭隋時有釋道
騫善讀之。能為楚聲。音韻清切。至今傳楚辭者。皆祖騫公之音。
（四の卅）　北經圖注二卷晉尚書算行參軍虞千紀撰云（四の卅）
釋氏碑文三十卷梁元帝撰。諸寺碑文の十六卷釋僧祐
撰已　寂僧行狀の十卷釋僧祐撰已（四の卅）　法集古七卷梁
沙門釋寶唱撰（四の卅）
佛經目錄見隋書經籍志（四の卅下）佛道及在北朝廣興譯經
集了目錄未見其目　釋氏書上有見雜字卅（四の卅）
隋經籍志每部必有論佛道二。出世藉化。其數多同。今此部中。書

有千佛。自初至於釋迦。已七佛矣。其次當有彌勒出世。（四五下）

隋書經籍志　即殿字以待以其於內出。今撰法華玄宗為二十卷。煬帝為太子時所造。（四八下）

魏書盧玄傳子淵。及高祖將伐蕭賾。淵表曰。……臣又聞流言。關右之民。自比年以來。競設齋會。假稱豪貴。以相扇惑。顯然於眾坐之中。以謗朝廷。無上之心。莫此為甚。愚謂宜速懲絕。戮其魁帥。不爾。懼成黃巾赤眉之禍。（四七五上）

周書靜帝紀大象二年六月庚申。復行佛道二教。舊沙門道士精誠自守者。簡令入道。（同上）

法秀。通鑑齊高帝建元三年（二月）。魏主自中山如信都。癸卯。復如中山庚戌還至肆州沙門法秀以妖術惑衆謀作亂於平城苟頹帥禁兵收掩悉擒之魏主還平城有司因法秀加以籠頭鐵鎖無故自解魏人穿其頸骨祝之曰若果有神當令穿肉不入遂穿以徇三日乃死議者或欲盡殺道人（考異曰齊書云魏虜偽咸陽王欲盡殺道人事同咸陽王禧時尚幼太和九年始封恐誤也）馮太后不可乃止（標起）三月魏法秀之亂事連蘭臺御史張求等百餘人皆以反法當族尚書令王叡請誅首惡宥其餘黨乃詔應誅五族者降為三族ゝゝ下止門誅ゝゝ止其身所免千餘人（訖）

八關齋（見通鑑齊武帝永明元年注）（標題）

續11○通鑑齊明帝建武三年魏馮后居瑤光寺爲練行尼注練

行謂修練戒行也（隋紀）

宋雲使西域。通鑑梁武帝天監十七年冬十月，魏胡太后遣使者宋雲與比丘惠生如西域求佛經（梁紀）普通三年，魏宋雲惠生自洛陽西行四千里至赤嶺（赤嶺在唐鄯州鄯城縣西二百餘里），乃出魏境，又西行再期至乾羅國而還，二月，始達洛陽，得佛經一百七十部（梁紀）

魏佛寺之盛。通鑑梁武帝天監十五年（梁紀）

沙門統僧之都統。通鑑注：魏有沙門統，僧之都統，猶今都僧録 天監十五年（梁紀）

沙彌。通鑑注：去俗而僧，受度而未受戒，皆謂之沙彌（大通二年，梁紀）

四部。通鑑梁武帝中大通元年九月癸巳，上幸同泰寺，設四部
無遮大會。……甲子，升講堂法座，為四部大衆開涅槃經題。注：
四部大衆，僧尼及善男子善女人也。（隱三紀）
宋書佛齋。見九十七卷外國傳
俗人之傳。南史更齊諸入隱逸傳，其屬方一門入藝術傳

宗教（佛）

鳩摩羅什○據譯大乘，其人通華文，故其所譯皆性宗之書

道安慧遠○於佛義皆有研究

大乘實多中國人自創○天台始智顗智者大師　華嚴出于闐中國乃天竺（法藏澄觀）

法相[illegible]玄奘（初譯真諦，大成于玄奘）成唯識論法相要籍，玄奘與其弟子窺基等所譯，將釋迦以後十家匯合譯之，參以己意

禪宗二十八祖達摩皆不足信，可徵者實始五祖慧

於淨土宗始善導

佛教變遷○詳見吾異部宗輪論，言佛滅後百餘年而分上坐等聲大眾聲二部，二部又分二十小派，又由此二十小派分出大乘者派，大乘起乃視二十派皆為小乘焉

性相二宗○大乘初起最有力者二派，一龍樹法性宗，一世親法

相宗法性宗卽三論宗以中論百論十二門論名法相宗又曰
亦合大智度論稱四論
攝論宗攝大乘論宗之省稱
三藏○三藏之稱與菩薩和日の郭言真諦也中國人皆此稱始
始玄奘
華人出儒之始の唐大傳與付疏言除此外皆女始稱其僧西域
梵門自付為長西晋以上不許中國剃髮出家至石虎乃
弛此禁

宗教

氏族時代之意識

凡自然現象皆以為有超人之力存乎其中　於是謂萬物有靈　於是有拜物之教　是以有圖騰社會

血緣組織確立　是以有祖先崇拜

平等　故其神祇種類少無等級之異　至於奴隸時代有階級的宇宙觀立矣

宗教

宗教者人民之雅片。马克斯语。　或曰宗教者精神之下等火酒也

以蒙昧散漫为宗教发生之原因，非。以为蒙昧等于未设宗教本不即蒙昧之极也。　今不信教之人，倍多量者而信教之人倍多知者且多学能。　故蒙昧散漫为宗教存在之条件而非其发生之根原

宗教之原，在生活中。　极深刻。　宗教者以种种条件发挥之情采也

恩格斯反杜林曰：宗教者日常生活中统治人之外力幻想哉

之反映也。在其反映中，塵世之力量採取非塵世之形式。

如天象、府今事務，其狀屏今若難　故曰非神家

已而造人，乃人類其生活造神及宗教出界也。

宗教非遠古即有。宗教者無傳的幻想與概念之形容，必需一

定之抽象思維水準。此水準必超出動物界久之而後可。

最初無宗教之社會今已無存。反動之社會學乃謂自有人

類即有宗教觀念。彼謂此人出現於世界即為今之姿態。

因於形後繼續證明人及其思想精神皆生於獸人，樣自動

物世界發展出來久之。始自覺形日人從發外界同時將

自己

始之於社會之中必有一時期其思維力不足形成最抽象之概

之宗教

今有化運之民族皆非元始　其所崇拜者非天上之神而為自然界之事物與自然之本質即崇拜此事物之本才　精進為此自然之觀念所求得　自然界之精神關於未實之　而更低之階段所存矣　故最古宗教之實兼含出於自然之崇拜

世界五十萬年之悠久經人百萬年之後而有宗教思想耶

最初之宗教距今不過數萬年

世界有人類百萬年而宗教始乃九十萬年也

宗教之原。社會發展有其自發性，人不能辨別社會規律，感爲神秘，其爲超自然，與原始人之視自然界等也。人受自然壓制時，崇拜自然事物，其後乃代以社會力量。超自然之實体逐漸具有人之形象，又漸對於歷史上之歷世有權能於來世者，有未全託。人類以社會關係聯繫社會，與之崇拜自然者同，乃有神教，神與神之關係，亦爲統治與被統治，單一者起主神與。封建有階級，神權隨而變爲實存焉。宗教與階級關係。宗教與國家權力結合時，發展宗教，借人在一部分人中起到鎮壓作用，因維護統治者時宗教可生，別有國際的民族的宗教，別有國際主義的宗教。

宗教何故當反。現世的美好之將來在世界上建立此理想与一切宗教矛盾　宗教號召超人的世界對此乃與困難掙鬪刻服困難不得脫出為除去困難而奮鬪　教會因此以溫和忍耐之以天國之報而於剝削者但求以慈善而輕恕其剝削　暴動在宗教中為懲罰

共產黨與宗教。巴黎公社逃亡者布朗基主義者宣布宗教戰爭恩格斯斥之曰最恩格斯日脫離宗教壓迫在於革命實踐以為政治任務即成無政府主義者之空論一八七四年　杜林云社會主義社會當禁止宗教恩格斯曰此移階級鬥爭之力於他方面耳一八七七年　社會民主黨深契此旨故艾福特綱領一八九一年宣布宗教為私事　然黨當言之亦知此　無政府主義

革命主義也病甚只洞然畏懼反宗教鬥爭則機會主義矣小山
資產階級及自由　無產階級之權要求由國家宣布宗教為
主義者之為也
私事非謂反對人民之推行為私事如此則機會主義矣　且反對宗教
在西歐資產階級黨人之在朝則全放工人階級肩上
蘇聯宗教○革命前之俄有國教制度教會由國皇最高權力管
理　正教之會多特權　教會由神聖宗務院管理而神聖宗
務院服從國家　它基督教及外教列入普通國務範圍由內
部予適了述等門外教宗務司管理　一九〇五年宣布宗教自
由然除正教外不可向教外人傳教教及後政府定教必須有長
允許非正教者教首出入亦無此徵信正教則自由且懲人

生而假定為正教徒
十月革命國教乃亡一九一八年一月二十三日教會與國家分離學校與教會分離之令是也 此後國家對教會物質補助全部亦不得強迫灌輸與唯物論世界觀不合之教義其彼教會與國家分離後在形式上或若干特許之宗教仍有補助者如軍隊監獄保育院中執行宗教儀式者即政府出錢

蘇教徒皆有公民權利有選舉權被選舉權 滿十八歲者二十人可結成宗教團體、、、登記後成立可免費借用儀式之所（房屋亦請可）無之租金造及必需品經費則皆自籌 而培養僧

信幹部亦得設神學 宗教儀式保證自由舉行以不破壞社會秩序爲限不則地方政府有權干涉 宗教有以儒術支撐自殺之人與教積度以國家之義務等爲教材者所不許也

宗教

災異之由。因膳稍黑民族負沉道不道將影響全民族　君重

川為諦詩天芳由此

基督教之變古。古宗教惟儀式而已，莫知其義，咒語古亦不可解。基督教則異是，知是則異為愛矣。古者族各有神，太猶教亦限，故教限於國。基督教則以全人類為一家矣，不限於族於族。

教職自不得世襲。且基督曰以愷撒所合有與愷撒，以上帝所合有與上帝，則宗教非世間物，時愷撒仍為大主教，然教徒不欲受國家之保護也。基督之意，蓋以物質精神各異，所屬迥則古宗教干涉人之精神，至基督而自由矣。此最古埋丁俗　自神用宗教矣

宗教

祭祀何以爲教士所專。祕若共一國也希臘羅馬皆信可以祭
致敵之神而敵敗矣其城下矣羅馬人信祕其神名使敵不能
呼則不能致

神之多少。古者族各有神不相統一由此而生多神教中諸神
之戰爭今所知古之神遠稽其所 強盛之族所祀之神它族
有姓者少由族多亡也
亦欲祀奮然孫司之後必其本族之人司之

唐有天文太元初〻〻六年二月清戌日晡下陰空〻自原
罪大不解參陽子光鄰向諸家敎百里拜謝上辭

貓鬼隋書七九之下

下半所書

宗教

晉書禮志上。泰始二年。正月。……時群臣又議。五帝即天也。五氣時異。故殊其號。雖名有五。其實一神。明堂南郊。宜除五帝之坐。五郊改五精之號。皆同稱昊天上帝。各設一坐而已。地郊又除先后配祀。帝悉從之。二月（丁丑。郊祀宣帝以配天。[illegible]祀文帝於明堂以配上帝。）是年十一月。有司又奏。古者丘郊不異。宜并圓丘方丘於南北郊。更修立壇兆。其二至之祀。合於二郊。（議）帝又從之。一如宣帝所用王肅議也。是月庚寅。冬至。帝親祀圓丘於南郊。自是後圓丘方澤不別立。（宋書禮志。出宋書志）

又太康……十年。十月。又詔曰。孝經郊祀后稷以配天。宗祀文王於明堂以配上帝。而周官云祀天旅上帝。又曰祀地旅四望。……

非也。則得以上帝不得爲天也。後者衆議除此重五帝位。孝之

禮文不正。且詩序曰。文武之功。起於后稷。故推以配天焉。宣帝

以神武創業。既已配天。復以先帝配天。於義亦所不安。其復明

堂五帝位。（十九下）太康十年詔曰大學全錯橋河有亦說米社 帝時摯虞始請定新禮（十九下）見宋書禮志（宋志三下）

成帝祀北郊始以宣穆張皇后配也。魏氏故事非晉舊也（十九下）另有禮志（宋書禮志十六下）

行郊宜立郊否（孫權之帝立之可觀矣（宋書禮志廿三下））同上蔡謨稱權猶讓不立郊祀

漢氏不拜日於東郊而旦夕常於殿下東西拜日月煩褻似家人

之事非事天神之道（同上四上）

前漢但置官社而無官稷。王莽置官稷。後復省。故漢至魏但太社

有稷而官社無稷。故常二社一稷也。晉初仍魏無所損益。至大

郊
九年。……乃詔曰。社實一神。其并二社之祀。……傅咸表……
始此方社王社。各有其義。……周禮封人掌設社壝。無稷字。今
帝社無稷。蓋出於此。然……周禮王祭社稷則絺冕。此王社有
稷之文。……詔宜仍舊立二社。而加立帝社之稷。……詔曰。……
衆議不同。何必改作。其便仍舊。一如魏制。其後摯虞奏……宜
定新禮從二社。詔從之。至元帝建武元年。又依洛京立二社一
稷。晉書禮志　宋書禮志（宋九頁）（十七、98上）
七祀　五祀　靈星　高禖　雩　禜　晉書禮志（十九、98上）
嶽瀆之祠。江左僅天柱在書略之。而廬江郡使大史兼假以時禱
賽。其禮釋奠而至。詩迎。咸和四又議禮（97）同上

宗教

孫虛　通鑑　孫九卯

晉書武帝紀泰始二年春正月……除禳祝之不在祀典者（三下2下）
按元年十二月已首詔修承魏氏見禮志（十九下）
王凌母丘儉以星變起兵。晉書天文志（十三下5上）令狐愚以白馬
訛言謠書楚王見五行志（中之下又5下）
何楨論五嶽四瀆天柱在王畿之內而祀典不舉淫祀若多。晉書禮
志[redacted]（十九4下）
故事社日祀皋陶於廷尉寺新禮移祀於律署以孟秋之月摯虞議
宜如舊。晉書禮志（十九10上）
歲旦常設葦茭桃梗磔雞於宮及百寺之門以禳惡氣。漢儀仲
夏設之有桃印無磔雞。磔雞實起於魏，桃印本漢制，所以輔卯金
新禮除施歲旦所起未詳。晉書禮志（十九10下）

魏明帝青龍元年詔郡國山川不在祀典勿立祠。晉書禮志中

九　10下

漢儀季春上巳官及百姓皆禊於東流水上洗濯祓除去宿垢疢

自魏以後但用三日不以上巳也晉中朝公卿以下至於庶人

皆禊洛水之側。晉書禮志中（10下）三日曲水見本類侍宴

晉書五行志武帝咸寧元年。八月。丁酉。大風折大社樹。有青氣出

焉。……占曰。東莞當有帝者。明年。元帝生。是時帝大父武王封

東莞。由是徙封琅邪。（廿七 26上）

又蜀書杜瓊傳。譙周曰。先主諱備。其訓具也。後主諱禪。其訓授也。

若言劉已具矣。當授與人。意者甚穆侯漢靈帝名子之祥也。（卅）

八、近據此以字義附會

武帝因童謠加王濬龍驤將軍。晉書五行志（卅八上）

吳人以童謠爲亮共相繼 同上

司馬越以童謠奪苟晞兗州 同上

晉書五行志。吳孫皓天紀三年。八月。建業有鬼目菜生於工黄狗家。……又有買菜生工吳平家。……東觀案圖，名鬼目作芝草。買菜曰作平慮。遂以狗爲侍芝郎。平爲平慮郎。（卅八上）

賈后弑武悼楊皇后，（賈后信妖巫言）謂太后必訴冤先帝。乃覆而殯之。施諸厭劾。符書藥物。（卅一上）本諸鬼神之事，足悟爲惡者繆矣。彼雖信鬼神，自以爲求他法以自禳解，不肯因此而戢爲惡之心也。袁紹之事同此

晉書惠賈皇后傳：廣城君病篤，后欲詣，不宜出廣城，乃改出宜城也。（卌一8上下）案：廣城乃后母

晉人稱為師。晉書惠賈皇后傳：洛南有盜尉部小吏，端麗美容止。既給廝役，忽有非常衣服，眾咸疑其竊盜，尉嫌而辯之。賈后疏親欲求盜物，往聽對辭，小吏云：先行逢一老嫗，說家有疾病，師卜云：宜得城南少年厭之。欲暫相煩，必有重報。……（下略）河東公主有疾，師巫以為宜施寬令，乃稱詔大赦天下。（卌一8上下）案

凡有一技之長者，皆稱師也

故今蓋只。晉書江統傳云：時多疾患，統上書諫曰：竊見禁土令，不得繕修牆壁，動正屋瓦。（晉六4下）

晉書趙王倫傳：倫、秀並惑巫鬼，聽妖邪之說。秀使牙門趙奉詐爲宣
帝神語，命倫早入西宮。又言宣帝於北芒爲趙王佐助，於是別
立宣帝廟於芒山，謂逆謀可成（卷九六上）。及三王起兵……使楊
珍晝夜詣宣帝別廟祈請，輒言宣帝謝陛下，某日當破賊。拜
道士胡沃爲太平將軍，以招福祐。秀家日爲淫祀，作厭勝之文，
使巫祝選擇戰日。又令近親於嵩山著羽衣，詐稱仙人王喬，作
神仙書，述倫祚長久以惑衆（卷九九上）。
晉書孟觀傳：趙王倫篡位，以觀所在著績，署爲安南將軍，監河北
諸軍事，假節屯宛。……義軍既起，多勸觀應齊王冏，觀以紫宮
帝坐無他變，謂倫應之，遂不從衆議，而爲倫守。及帝反正，永饒

治令豎桐機斬觀首。付於洛陽。遂夷三族。（之字非）

晉書會稽文孝王道子傳（簡文三子）……孫恩至京口……道子無他謀略。

惟日禱蔣侯廟。為厭勝之術。（見四九述）

自言為鬼神所官。晉書郭璞傳：時暨陽人任谷。因耕息於樹下。

忽有一人著羽衣就淫之。既而不知所在。谷遂有娠。積月將產。

羽衣人復來。以刀穿其陰下。出一蛇子。便去。谷遂成宦者。後詣

闕上書。自云有道術。帝留谷于宮中。元帝……及元帝崩。谷因

亡走。（四二六述）

庾翼以妖怪移鎮。晉書王湛傳：子述……庾冰征虜長史。時庾翼鎮

武昌。以累有妖怪。又猛獸入府。欲移鎮避之。述與冰牋……。時

繇議亦不之[blot]遂不移鎮。（七五2上）
豫章不宜太守。晉書范汪傳子寧。求補豫章太守。帝曰。豫章不宜太守。何無忌以身試死邪。寧不信卜占。固請。（七五11下）
韓伯傳。字康伯。轉丹陽尹。吏部尚書。領軍將軍。既疾病。占者云不宜此官。朝廷欲改授太常。未拜卒。（七五15上）
借壽。晉書王羲之傳子徽之與獻之弟徽之俱病篤。時有術人云。人命應終。而有生人樂代者。則死者可生。徽之謂曰。吾才位不如弟。請以餘年代之。術者曰。代死者以己年有餘。得以足亡者耳。今君與弟算俱盡。何代也。未幾獻之卒。徽之奔喪不哭。直上靈牀坐。取獻之琴彈之。久而不調。歎曰。嗚呼子敬。人琴俱亡。（八〇）

頭德。先有脩蔡。遂寶襲。月餘乃卒。（卷十上）是此卽假借字之證。

哀帝以天文失度，形以洪祀之制，於太極前殿以江道請而止。

晉書道傳（卷三上）

然燈懸鏡於山穴中。晉書張軌傳。子寔。京兆人劉弘者。挾左道。客居天梯第五山。然燈懸鏡於山穴中。為光明。以惑百姓。受道者千餘人。寔左右皆事之。帳下閻沙。牙門趙仰。皆弘鄉人。弘謂之曰。天與我神璽。應王涼州。沙仰信之。密與寔左右十餘人謀殺寔。奉弘為主。寔潛知其謀。收弘殺之。沙等不知。以其夜害寔。……弟茂攝事。……誅閻沙及黨與數百人。（卷八六上）

妖賊劉伯根。晉書王彌傳。惠帝末。妖賊劉伯根起於東萊之惤

縣稱帝家僞從之。（百上）

遺拾言云昔有聖人出因行以人為聖人。晉書張昌傳：據有江夏。……遺拾言云。昔有聖人出。山都縣吏丘沈遇於江夏。昌名之為聖人。盛車服出迎之。立為天子。置百官。沈易姓名為劉尼。稱漢後。……於石巖中作宮殿。又於巖上織竹為鳥形。衣以五綵。聚肉於其旁。衆鳥群集。詐云鳳皇降。又言珠袍玉璽鐵券金鼓自然而至。乃下赦書。建元神鳳。郊祀服色。依漢故事。（百上）

[redacted]

晉書劉曜載記。咸和三年。夜夢三人。金面丹脣。東向逡巡。不言而退。曜拜而履其跡。旦召公卿已下議之。朝臣咸賀。以為吉祥。惟大史令任義進曰。……秦兵必暴起。亡主喪師。留敗趙地。遠至三年。近七百日。……曜大懼。於是躬親二郊。飾繕神祠。望秩山川。靡不周及。大赦殊死已下。復百姓租稅之半。（程五82）

晉書石季龍載記：石邃保母劉芝。初以巫術進。既養邃。有深寵。通賄賂。豫言論。權傾朝廷。親貴多出其門。封芝為宜城君。（程五82）

石季龍要斬中書監王波及其四子。以厭熒惑之變。晉書載記

（程五82）

晉書石季龍載記。冉閔將擊石琨等。衛將軍王泰諫。……閔將從之。道士法饒進曰。太白經昴。當殺胡王。一戰百剋。不可失也。閔攘袂大言曰。吾戰決矣。敢諫者斬。於是盡眾出戰。（程七82）

晉書慕容儁載記：儁夜夢石季龍齧其臂，寤而惡之，命發其墓，剖棺出尸，蹋而罵之曰：死胡安敢夢生天子。遣其御史中尉陽約數其殘酷之罪，鞭之，棄於漳水。（附注）

晉書苻堅載記：堅與苻融登城而望王師，見部陳齊整，將士精鋭，又北望八公山上草木，皆類人形，顧謂融曰：此亦勍敵也。何謂少乎？憮然有懼色。初，朝廷聞堅入寇，會稽王道子以威儀鼓吹求助於鍾山之神，奉以相國之號。及堅之見草木狀人，若有力焉。（附注）

晉書苻登載記：登以堅頻戰輒勝，謂堅有神驗，亦於軍中立堅神主。請曰：往年新平之禍，……臣又纂勒臣行，殺逆臣之罪。苻登陛下末族。尚欲復讎。臣爲兄報恥。於情理何負。昔陛下假臣龍驤之號。謂臣曰。朕以龍驤建業。卿其勉之。明詔昭然。言猶在耳。陛下雖過世爲神。豈假手于苻登而圖臣。忘前征時言邪。今爲陛下立神像。可歸休於此。勿計臣過。聽臣至誠。（登紀）

晉書姚萇載記。萇級苻師奴據關擅乃掘苻堅尸。鞭撻無數。裸剝衣裳。薦之以棘。坎土而埋之。（萇紀）

晉書李雄載記。雄母羅氏死。雄信巫覡者之言。多有忌諱。至欲不葬。其司空趙肅諫。雄乃從之。

晉書慕容德載記。初苻登既爲姚興所滅。登弟廣率部落降于德。拜冠軍將軍。處之乞活堡。會熒惑守東井。或言秦當復興。廣

乃自稱秦王。（[illegible]）

嘗與諸生學，題記敍業，儒者長者。年位權略，咸禁不以屬下。擅命。尤信卜筮讖記，要觀徵祥，於是後儒所譏。（[illegible]）

當有習業者傳，時溫恆有之。又蜀人知大丈夫之處，執手問國家祚運傳短。答云：從祀者和，溫蜂共雜言。乃歸辭去。將負書，雲將至福。乃賞生之幸。然今日之福，自可全盡，安有小小危害。亦宜說之。其人曰：古微常微之，當三官氣傳於此，決無害處。至五十年外，不論和，不遇不憂。乃止。（[illegible]）

又華歆傳：子廣之子恒，好拜大常。衛立郊祀。尚書刁協子會屬杜夷議，謂遠法，乃僭郊祀。恒議：漢獻帝居許，即便郊祀，宜於此

傳云。司徒荀組、驃騎將軍王導同議，遂定郊祀。（四四頁）時元帝

宋書武帝紀：循聞大軍上。將走向豫章，乃悉力柵斷左里。大軍至左里。將戰。公所執麾竿折，幡沈於水。眾並怪懼。公歡笑曰。往年覆舟之戰，幡竿亦折。今者復然。賊必破矣。即攻柵而進。循兵雖殊死戰。弗能禁。諸軍乘勝奔之。循單舸走。所殺及投水死。凡萬餘人。（一〇頁）

又永初二年夏四月己卯朔。詔曰。淫祠惑民費財，前典所絕，可並下在所除諸房廟。其先賢及以勳德立祠者，不在此例。（三五頁）南史二亦見

初禁淫祀

又前廢帝紀永光元年十一月先是訛言云。湘中出天子。帝將南巡荊湘二州以厭之。先欲誅諸叔，然後發引。太宗與左右……

寔緒帝左右壽寂之、姜產之等十一人謀共廢帝。戊午夜，帝於華林園竹林堂射鬼。時巫覡云：此堂有鬼。故帝自射之。壽寂之懷刀直入。姜產之為副。帝欲走，寂之追而殞之。（七3上）

宋書明帝紀：帝好鬼神，多忌諱。言語文書，有禍敗凶喪及疑似之言，應回避者數百十品。有犯必加罪戮。改騧為瓜，亦以騧字似禍字故也。以南苑借張永，云且給二百年，期訖更啟。其事類皆如此。宣陽門民間謂之白門，上以白門之名不祥，甚諱之。尚書右丞江謐嘗誤犯，上變色曰：白汝家門。謐稽顙謝，久之方釋。太后停屍漆牀，先出東宮。上嘗幸宮，見之，怒甚，免中庶子，官職局以之坐者數十人。內外常慮犯觸，人不自保。宮內禁忌尤

甚。移址治壁。如是多禁忌，使文士爲求祠祝策，好吉祥字。（只同上）

南史三十

宋書王鎮惡傳補。……鎮惡以五月五日生。家人以俗忌，欲令出繼疏宗。猛見奇之，曰："此非常兒。昔孟嘗君惡月生而相齊。是兒亦將興吾門矣。"故名之爲鎮惡。（仝上。南史十六同）

又宗室傳：臨川烈武王道規，道規無子，以長沙景王第二子義慶爲嗣。元嘉……八年。太白犯右執法，義慶懼有災禍，乞求外鎮。太祖詔譬之。……義慶固求解僕射，乃許之。僕射者於左（仝上）

義慶在廣陵，有疾。而白虹貫城，野麕入府，心甚惡之，固陳求還。

太祖許解州，以本號還朝。（同上）

又孔靖傳：字季恭。……名與高祖祖諱同，故稱字。……出爲吳興

大守。……先是，吳興頻喪太守，云項羽神爲卞山王，居郡聽事，
二千石常避之。季恭居聽事，竟無害也。（五四上）
宋書王微傳：微解音律、醫方、陰陽術數。（六二）
又范曄傳：魯國孔熙先……文史星算，無不兼善。（六九）有法略
熙先素善天文，云：太祖必以非道晏駕，當由骨肉相殘，江州應出天子。以爲義康當之。
道人，先爲義康所供養，粗被知待。又有王國寺法靜尼，亦出入
義康家內。……並與熙先往來。使法略罷道，本姓孫，改名景玄。
以爲臧質寧遠參軍。……法靜尼妹夫許耀，領隊在殿
省。嘗有病，因法靜尼就熙先乞治。……因成周旋。……許爲內
應。豫章胡遵世，藩之子也。與法靜甚款，亦密相酬和。法靜尼南
上。熙先遣婢采藻隨之，付以牋書，陳說圖讖。（六九）釋法之上表

南史三三

郎……顏師傅郎凡四見。至今太醫署內史仲承祖膳羹及論
綜藝志。……撰緯天文。並有徵驗。兼有自來。陰異陽（?）也。（52上）迴
史於獄中上書曰……月懷博學書。心閑數術。……孝論既
往。謀為害臉。讖略陰陽所知。傳列為協別状。頗具向遠業歟。……中
書。若回死了除。若計息歟。……所以無天文占候[redacted]上有當
問相讖之禍。共了陳也。（南史卅三下）
宋書文九王傳：竟陵王誕……依神於官內。疏世祖年諱。厥祝祈禱。（七十九上）
又建安王休仁諸討方逆命。休仁於措征討諸軍事……中謂曰
實……初，休仁與蘇侯神結為兄弟。乃祈請助及事平，太宗與休
仁書曰：此段殊自蘇侯神兄弟力也（七十二上）（南史十四下）

又巴陵哀王休若傳：休若既死。上與揚州大將軍桂陽王休範書曰。外間有一師。姓徐。名紹之。此為狂病。自云為塗步郎所使。去三月中。忽云神語道巴陵王應作天子。此使巴陵王無知之。種是師便訪覓休若左右人。不附同。東宮典書擡何攸之……東宮典書答云。我識巴陵王一左右。費為山陽意。對曰。東宮典書陵來。語師云。我已為汝語巴陵左右。道因蓮巴陵。巴陵具知。方舉聲。但賊已敗。

又文五王傳竟陵王誕：孝建三年，民人陳談之上書訴枉。稱弟詠之……見殺。常璩陵下車紀捷請往巫師家咒詛。……又九五廬江王禕君婚王第……云詛曰——無頭天壽宿。懷協左道。咒詛禱請

謹事邪巫。常被髮跣足。稽首北極。遂圖畫朕形。勒以名字。或加
之矢刃。或埋之鼎鑊。公在江州。得一淫女。云知吉凶。於門厭咒。
大設供養。頻多拜伏。於紫蔽龍。敬事為神。令其呪詛孝武。并及
崇憲。祈皇家危弱。統大禍已。巫稽神旨。必得所願。得事業克委
罪所生。徽章敵隱。僮得自免。近又有道士佟嬰。每出見信。專默
彰露。肆之於法。而不知悛悟。猶加營擁。遣左右二人。專掌瞻省。
（宋七九傳）
宋書沈懷文傳。時熒惑守南斗。上乃廢西州舊館。使子尚移居東
（子尚孝武第二子。西陽王子尚為揚州，居西州故）
城以厭之。懷文曰。天道示變。宜應之以德。今雖空西州。恐無益
也。不從。而西州竟廢矣。大明二年。遷尚書吏部郎。時朝議欲依古

制置王鎮揚州移治會稽。稽以星變故也。情不自已。……又不從。

三年。子尚移鎮會稽。(下略)(六之廿)南史沈懷文傳(卅四之卅)

宋書吴喜傳。……賜死。……喜將死之日。上太宗召入內殿。與共言

謔。酬接甚款。既出。賜以名饌。并金銀御器。敕將命者。勿使食器

宿喜家。上素多忌諱。不欲令食器停凶禍之室故也。(八三之廿)

又鄧琬傳。前廢帝……以太祖世祖並第數居三。以登極位。子勛

次第既同。深構嫌隙。因何邁之謀。乃遣使齎藥賜子勛死。(下略)

會太宗定亂。進子勛號車騎將軍開府儀同三司。令書至。諸

佐史並喜。造琬。……琬以子勛次第居三。又以尋陽起事。有符

世祖。理必萬全。乃取令書投地。……(下略)

宋書王景文傳：時太子及諸皇子並小，上稍為身後之計，諸將帥
吳喜、壽寂之之徒，慮其不能奉幼主，並殺之。而景文外戚貴盛，
張永累經軍旅，又疑其將來難信，乃自為謠言曰：一士不可親，
弓長射殺人。一士，王字，弓長，張字也。（南史廿三作……）稍為文 稍為張永

[redacted]

又杜慧度傳：封龍編侯，交州刺史（宋九二）

又王悅泰始……五年卒……初悅為侍中，檢校御府、太官、太醫
諸署，得姦巧甚多。及悅死，眾咸謂諸署說詛之。上乃收典掌者
十餘人，桎梏，云送淮陰，並令沈於江，採子中流止。（宋二五）

宋書阮佃夫傳：時巫覡云此堂有鬼。夕，帝於竹林堂與巫共射之。（卷九四）

又索虜傳：犍死，子開字涉珪代立。（卷九五）開頗有學問，曉天文。開暴虐好殺，民不堪命。先是有神巫誡開，當有暴禍，唯誅清河。殺萬民，乃可以免。開乃滅清河一縣，常手自殺人，欲令其數滿萬。或乘小輦，手自執劍擊擔輦人腦，一人死，一人代，每一行，死者數十。夜恒變易寢處，人莫得知，唯愛妾名萬人知其處。萬人與開子清河王私通，慮事覺，欲殺開，令萬人爲內應。夜伺開獨處殺之。開臨死曰：清河、萬人之言，乃汝等也。（卷九五）

又阿柴虜吐谷渾傳：廆自不前，因謂知廆傳子及曾孫言拜拜

首显宋书九九止此极相附会成神圣一例

宋书二凶传元凶劭……文帝长子也。帝即位后生劭。时上在
谅闇，故秘之。三年闰正月，方云劭生。自前代以来，未有人君即
位后皇后生太子，唯殷帝乙既践阼，正妃生纣，至是又有劭焉。
上时务本业，劝农桑，使宫内皆蚕，欲以讽励天下。有
女巫严道育，本吴兴人，自言通灵，能役使鬼物。夫为劫，坐没入
奚官。劭姊东阳公主应阁婢王鹦鹉白公主云：道育通灵有异
术。主乃白上，托云善蚕，求召入。见许。道育既入，自言服食（所奉天神，当赐符应。主夜卧，即见流光相随，状若萤火，远入巾箱，化为双珠，圆青可爱。於是）主及
劭并信惑之。始兴王濬素佞事劭，与劭并多过失，虑上知，使道
育祈请，欲令过不上闻。道育辄云：自上天陈请，必不泄露。劭等（歌舞咒诅，不舍昼夜。）

蠶事。號曰天師。後遂為巫蠱。以玉人為上形像。埋於含章殿前。……劭懼。馳以告濬。……濬答書曰……願下之見王未宜依此。具令啟自躬上臥閣。……凡劭濬相與書疏類如此。所言皆為名號。……主即轉鸚鵡於上無閣。共令道育上天白天神也。……上驚惋。即遣收鸚鵡。封籍其家。得劭濬書數百紙。皆咒詛巫蠱之言。得所埋上形像於宮內。道育叛亡。討捕不得。……道育變服為尼。逃匿東宮。濬往京口。又載以自隨。（注）以擊迎前

傍謙傳。於宮內厭勝乞恩。指為方寸禹。鑄山都王。食長萬歲。如帝錢。龍傍偽歸濤以學。後南平王鑠為說文。罪狀甚逕（注）

宋書禮志。舊時歲旦。常設葦茭桃梗。磔雞於宮及百寺門。以禳惡

氣。泄散則仲夏之月設之。有桃卯。無磔雞。案明帝大修禳禮。故
何宴禳祭。據雞牲供禳釁之事。磔雞宜起於秋也。桃卯本漢。所
以輔卯金。又宜於秋所除也。但未詳改仲夏在歲旦之所起耳。宋
皆有。而諸郡縣此禮往往猶存。（中四條）

又古者暮春江左用禊（中部）
上巳祓禊見韓詩論語浴乎沂周官女巫掌歲時祓除釁浴謂以釁浴
香薰草藥沐浴也語出鄭衆非
戰周於八月為七月十四日自秋
以後但用三日不以巳　宋書禮志（十五紀）
宋書禮志孫皓初立。追尊父和曰文皇帝。……於烏程立陵寢。……
……有司奏言宜立廟京邑。寶鼎二年。遂更營建。……遣守丞

杜畿傳……曾……迎神主於鄴陵。叔引伯拜送於庭。此仁道。

中更年頗自在相繼。尊問神靈起居動止。巫覡言見知祖所歎

鬼若平日。情好喜。嘗為之所為者謂閣下寧錫。（宋志郊）

宋書禮志：晉穆帝升平中。何琦論修五嶽祠曰。……今非典之祠。

可謂非一。考其正名。則淫昏之鬼。推其糜費。則四人之蠹。而山

川大神。更為簡闕。……其餘妖孽。可俱依法令。先去其甚。俾邪正

不濮。不見有。（宋志上）

又劉禪景耀六年。詔為丞相諸葛亮立廟於沔陽。先是所居各請

立廟。不許。百姓遂私祭之。而言事者或以為可立於京師。……

步兵校尉習隆中書侍郎向充等言於禪曰。……周禮無以支。

小善小德。而圖形立廟者多矣。……百姓巷祭。戎夷野祀。……今若盡順人心。則瀆而無典。建之京師。又逼宗廟。……臣以為宜因近其墓。立之於沔陽。使所親屬以時賜祭。凡其臣故吏欲奉祠者。皆限至廟。斷其私祀。以崇正禮。於是從之。可函天日。周禮凡有功者祭於大烝。司勳詔之。以元勳配饗。久等為不足哉。祿又從之。並非禮也。（十七上）

[redacted]宋書禮志四附。城陽國人以劉章有功於漢。為之立祠。青州諸郡。轉相放效。濟南尤盛。至魏武帝為濟南相。皆毀絶之。及秉大政。普加除翦。世之淫祀遂絶。至文帝黃初五年十一月詔曰。[redacted]……叔世衰亂。崇信巫史。至乃宮殿之內。戶牖之間。無不沃酹。

昔無其然矣。自今其敢設非祀之祭，巫祝之言，皆以執左道論。著於令。明帝青龍元年，又詔郡國山川不在祀典者，勿祠。晉武帝泰始元年十二月詔……故魏朝疾之。其按舊禮，具為之制，使功著於人者，必有其報，而妖淫之鬼，不亂其間。二年正月，有司奏春分祠厲殃及禳祠。詔曰：不在祀典，除之。宋武帝永初二年，普禁淫祀，由是蔣子文祠以下，普皆毀絕。孝武孝建初，更修起蔣山祠，所在山川，漸皆修復。明帝立九州廟於雞籠山，大聚群神。蔣侯宋代稍加爵位，至相國、大都督中外諸軍事，加殊禮，鍾山王。蘇侯驃騎大將軍。四方諸神，咸加爵秩。（宋志）

宋書五行志：魏齊王嘉平初，東郡有訛言云：白馬河出妖馬，夜

古牧遂鳴呼。靡易時應。照日見大怠。大以識。門難星。星乃得。焚之
王彪存曰馬。兗州刺史令狐愚以彪有智勇。及聞此言。遂與
王凌謀共立之。（四五上）又魏書嘉平中。有謠曰。白馬素羈西
南馳。其誰乘者朱虎騎。朱虎者。楚王彪小字也。王凌令狐愚聞
此謠。謀立彪。（四五上）
宋書五行志。孫權稱帝三十年。竟以諸建業創七廟。但有父堅一
廟。遠在長沙。而郊禋禮缺。嘉禾初。羣臣奏宜郊祀。又不許。末年
稍一南郊。而北郊遂無聞焉。且三江五湖。衡霍會稽。皆吳楚之
望。亦不見秩。反祀羅陽妖神。以求福助。（四五三上）
宋書明帝紀 [redacted] 禮廣……不祀

繹衣。服飾皆赤。以爲厭勝。巫覡云。後湖水頭經過宮內。致帝有
疾。帝乃自至大官行水溝。左右至大官者畢此水利不立。帝決
意塞之。時而引淫流。今日。帝塞。(五北) 南史 6上
齊書東昏侯紀「數游至近郊。……又信鬼神。崔慧景事時。拜蔣子
文神爲假黃鉞使持節相國大宰大將軍錄尚書揚州牧鍾山
王。至是又尊爲皇帝。迎神像及諸廟雜神。皆入後堂。使所親巫
朱光尚禱祀祈福」。又虛設鎧馬齋仗千人。皆使弓插白。出東掖
門。稱蔣王出遊」(七北)
齊書祥瑞志「齊氏受命。事殷前典。黃門郎蘇偘撰聖皇瑞應記。永
明中。庾溫撰瑞應圖。其餘衆品。史注所載。今詳錄去取。以爲志

知甲正

諸者男則悉死，其精神旅遊不反。於是為之廟以安其魂。為鑊以安

其魂神。而孝子得是術焉。（甲十九止）

言者曰：蠻則信母為女巫，其蠻則而絕祈禜焉。謂人自此必有鼓

苗相。（甲廿六止）其柵中曾陰陰舍——儒蔑之深。獨有一部落。

迷蒙山中為民冢。蠻則遣人致意於帥。而其出者，實相申論，治

下廟神古諸列。百姓信之。蠻則引神而誓。而不相負。教帥從出。

蠻則於廟中設令，於廷收縛，同。當先召神。著者多矣。是神大半。今

而遠矣。即十里解神。其彩訟者。百程悅之。（丁十）好帝即位。進大

司馬。增邑千戶。專使禪授白。而大洪津蠻則文武皆失色。一家

在旁。曰：此吏未必死。吾將丹陽吳興時亦然。苻則大悅，曰：我宿

命應自爾。乃列羽儀，備朝服，導引出頭，車挂髮，言精不自得。此

晉文之。（卅六注）

吳興項羽神。見齊書李安民傳及廁本事證（卅七師）　又蕭惠基傳（卅六注）

齊書崔祖思傳：州辟主簿，與刺史劉懷珍於堯廟祀神。廟有蘇侯神偶坐。

懷珍曰：堯聖人，而與雜神爲列，欲去之。何如？祖思曰：蘇峻今

日可謂四凶之五也。懷珍遂令除諸雜神。（卅八注）

劉祥傳：爲史作剡史，嫕護之……臣丞嘗摘建康亦有蘇

侯像。宋之末動，常迎入宮中，稱曰佞將軍。此自是當時淫祀，

未必果爲蘇峻。峻之入京，宮室極暴，將酬年遂。建康之人，必皆

年為神所取之時年。
亭有廬山圖，侍祈鄉縣去廬林楂鬱。先經為縣令。見迹嘗靈。山
圖啟乞加神位，備圖所寫。上答曰。是狗肉使了事。自因階級為上
山圖精與先羿（宣史四三四下）義御人
又崔顥曾任豫章，曾遣人詣崔生曰。時月未到。當須來年二月。今便
進上。仍非良策。崔生曰。今生甲子十一。體固自強，沒精以義心。一
時競銳。且大白出西，不仗義而動。夫時人謀無有不利。昔王王
付討。仍遊大歲。豈復待年月耶。顥曾乃從。止（異苑卦）二第　邢之
又卷十七傳竟陵文宣王子良……為……會稽太守……夏
高麗感百禱祀。子良曰。高德章義仁。菲食雜務。服取果粱是以

務識。使藏獻啓章而已。（同上五上）

臨川王融傳：掌祠部二曹。……倉曹又以本自倚人所畏。方倉
事可聞不。融議不宜枸束小民。（同上）（南史廿二上）

又良政傳：裴昭明為始安內史。郡民龔玄宣云：神人與其玉印玉
檢。書不須筆。以紙便成字。自稱龔聖人。以此惑衆。前後郡守敬
事之。昭明付獄治罪。（同三上）（南史裴昭明傳卅三上）

又高逸傳：樓惠明有道術。居金華山。禽獸毒螫皆避之。（同四上）

梁書沈約傳：……病。夢齊和帝以劍斷其舌。召巫視之。巫言如夢。
乃呼道士奏赤章於天。稱禪代之事不由己出。（同三下）（南史五十七上）

又高祖德皇后郗氏傳：母尋陽公主宋文帝女也方娠。夢當生貴子。及生后。有

赤光照於室內。器物盡明。家人皆怪之。巫言此女光采異常。將有所庇。乃於水濱祓除之。（見南史十二上）

梁書王瑩傳：天監十五年。遷左光祿大夫。開府儀同三司。丹陽尹。侍中如故。瑩將拜。印工鑄其印。六鑄而龜六毀。既成。頸空不實。補而用之。居職六日。暴疾卒。（下略）

又蔡撙傳：……為……吳興太守。天監九年。宣城郡吏吳承伯挾祆道。聚眾攻宣城。殺太守朱僧勇。因轉屠旁縣。踰山寇吳興。……

……臨陳斬承伯。餘黨悉平。（廿一止）

又蕭琛傳：遷吳興太守。郡有項羽廟。土民名為憤王。甚有靈驗。遂於郡廳事安施牀幕為神座。公私請禱。前後二千石。皆於廳拜

祀。而避居他室。稱至。從神靈廟處之不稱。又禁殺牛解祀。以贖代肉。(卅四上)

梁書卅緬傳弟綰，大同四年……徽儀出為豫章內史……八年，安成人劉敬宮挾祆道，遂聚黨攻郡。內史蕭侻棄城走。將寇南廬陵……進寇豫章新淦縣……(卅四の下)(南史張緬傳附綰，五十六上)

又王神念傳。出為使持節都督青冀二州諸軍事、信武將軍、青冀二州刺史。神念性剛正。所更州郡。必禁止淫祠。時青冀(據南史書無冀字)州東北有石鹿山。臨海。先有神廟。妖巫。欺惑百姓。遠近祈禱。糜費極多。及神念至。便令毀撤。風俗遂改。(卅九)(南史六三上)

又庾黔婁傳。父易……疾……每夕稽顙北辰。求以身代。俄聞空中有聲曰。徽宗事畢。不復可延。復請禱於玉。止得至月末。
及臨而暴亡。南史五十三上
陳後主張貴妃名麗華……將厭魅之術。假鬼道以惑後主。
置淫祀於宮中。聚諸妖巫。使之鼓舞。因參訪外事。人間有一言一
事。妃必先知之。以白後主。由是益重。南史十二上
又高宗二十九王傳長沙王叔堅好數術卜筮祝禁鎔金之事。
乃詔令即本號。用三司之儀。出為江州刺史。未拜。尋有詔。
未以為驃騎將軍。重為司空。實欲去其權勢。叔堅自是稍怏
望。乃為左道厭魅。以求福助。刻木為偶人。衣以道士之服。施機
關。能拜跪。晝夜於日月下醮之。祝詛於上。其年冬。有人上書告

甚事。……後主……令近臣宣敕數之。叔堅對曰。臣之本心非有他故。但欲求親媚耳。……（卅一上）南史陳宗室諸王傳（卅五上）

陳書蕭摩訶傳。侍穎川陳禹。亦隨摩訶征討。聰敏有識量。得稱好矣。解風角兵書。（廿一上）

南史宋武帝紀。義熙十年。江陵平。加領南蠻校尉。將拜。值四廢日。佐史鄭鮮之等白遷日。不許。（二上）

又文帝紀。元嘉四年三月壬寅。採富陽令諸葛闡議。禁斷夏至日五絲命縷之屬。（二上）

又前廢帝紀。先是帝謂湘中出天子。帝將南巡荊湘以厭之。明旦除諸叔。然後發引。先是帝將遊華林園竹林堂。使婦人倮身相逐。有一婦人不從命。斬之。經少時。夜夢遊後堂。有一女子罵曰。帝悖虐不道。明年不及熟矣。帝寤。於宮中求得似所夢者一人，戮之。其夕復夢所戮女罵曰：汝枉殺我，已訴上帝。至是巫覡云：此堂有鬼。帝與山陰公主及六宮綵女數百人隨羣巫捕鬼，屏除侍衛。帝親自射之。事畢，將奏靡靡之聲，壽寂之抽刀直入……（宋紀）

南史廢帝鬱林王紀：又在西州。生而為竟陵文宣王所攝養之。陵王移住西州，帝亦隨往宮，令女巫楊氏禱祀，速求天位。及文帝薨，謂由楊氏之力，倍加敬信。呼楊婆。宋氏以來，人間有楊婆兒哥，蓋此徵也。武帝有疾，又令楊氏日夜禱祈，令宮車早晏駕。（仝上）

又（南齊書）東昏侯紀：又偏信蔣侯神，迎來入宮，晝夜祈禱。左右朱光尚詐云見神，動輒諮啟，並云降福，始安之平，遂加位相國。末又號為

靈帝。卑服狗儀。一依王者。又曲信小祠。日有十數。師巫魔媪。迎
送紛紜。光尚輒託云神意。范雲謂光尚曰。君是天子要人。當思
百全計。光尚曰。至尊不可諫正。當託鬼神以達意耳。後東入樂
游。人馬忽驚。以問光尚。光尚曰。向見先帝大瞋。不許數出。帝大
怒。拔刀與光尚尋覓。既不見處。乃縛菰為明帝形。北向斬之。
縣首苑門上。（同上）又虛設鎧馬齋仗千人。皆張弓拔白。出東
[redacted]掖門。稱蔣王出盪。又使刀敕等數著五音兒衣裳城堂
雞逐與御刀左右及六宮於華光殿立軍壘。以宮人為軍。主帥以鎧仗。敕
自臨陳。詐被創勢。以板擱將去。以此厭禳。（同上）

南史梁武帝紀。大同八年春正月。安成郡人劉敬躬挾左道以反。

（七上）

南史梁元帝紀：時多禁忌。牆壁崩倒。屋宇傾頹。事有不便。積不修。廟[illegible]庭草蕪沒。令[illegible]者芟之。光[illegible]使為此。（八上）

南史陳高祖紀：好讀兵書。明緯候孤虛遁甲之術。

又永定元年冬十月乙亥，帝即位于南郊……丙子，幸鍾山祠蔣帝廟。（九上）　二年五月……甲寅，遣中書舍人韋鼎策吳興楚王神為帝。（九上）　三年夏閏四月……是時久不雨，丙午，幸鍾山祠蔣帝廟，是日降雨，迄於月晦。五月丙辰朔（九上）

又后妃傳：宋孝武昭路太后（生孝武帝）。義嘉難作，為明帝所殺，謚曰昭皇太后。葬孝武陵東南。號曰脩寧陵。先是晉安王子勛未平，巫

其語寵問昭太后陵，欲去梓宮以厭勝。情後宮卒不得為禮。上
性忌虐，將來殺之。泰始四年夏，詔曰……以禮改創……山陵

了下

又孝武殷淑儀，南郡王義宣女也。麗色巧笑。義宣敗後，帝密取之。
假姓殷氏。左右宣泄者多死。故當時莫知所出。及薨，帝常思見
之。遂為通替棺，欲見輒引替覩尸。如此積日，形色不異。……時有巫
其能見鬼。說帝言貴妃可致。帝大喜，令召之。有少頃，果於帷中
見形，如平生。帝欲與之言，默然不對。將執手，奄然便歇。帝尤悲
慟，於是擬李夫人賦以寄其意。……或云貴妃是殷琰家人。入
義宣家。義宣敗入宮云。（廿一、4上）

[redacted]

南史宋宗室及諸王傳而之之篡。……明年十月。巴西人趙鍾伯
石。有妖人李弘者。聲言弘為佛興。以五緣聚青石。謂百姓云。
方興已死。即當王蜀。丞違益州刺史道中兵參軍寇伯方擒之。
將刑。語刑人曰。我須臾死。事當白。此空殺我。三月十日當更
出。遂斬之。（甲三編）[redacted]
南平穆王鑠之。字休玄。以鑠為侍中。錄尚書事。劭迎蔣侯神像於
宮內。疏者武年請。獻蛇祈請。假授位號。使鑠造策文。（十四頁）
又毛脩之傳。脩之不信鬼神。所至必焚除房廟。時蔣山廟中有好牛

焉。並傳形之。(甲七冊)

南史子晏傳……左右章景儒、陸世範等常巫覡言，啟上帝蕭昭云其擅異圖。(甲四冊)

南史袁君正傳：為豫章內史。性不信巫邪。有師萬世榮，稱道術，為一郡巫長。君正在郡小疾，主簿熊岳薦之。師云：須疾者衣為信命。君正以所著襦與之。事竟取襦，云：神將送與北斗君。君正使檢諸身，於衣裹獲之。以為亂政，即刑於市，而焚神。一郡無敢行巫。(甲六冊)

又蕭撝傳：父景達。……遷臨海太守。……初，撝在臨郡，百姓楊元孫以婢采蘭貼與同里黃權，約生子酬乳哺直。權死，元孫就權素吳鐐拜母子五人。吳皆稱不遂之孫誕。指判蕭道序主。吳於為巫。出入搢閤。以金釧餘掾書。遂路判學吳。之孫揚詹鼓誑之。

當有可觀。（[illegible]述）

南史張沖傳：以沖為郢州刺史……梁武帝起兵，手書喻意。又遣辯士說之。沖確然不回。東昏遣驍騎將軍薛元嗣制局監暨榮伯領兵及糧運送沖，使拒西師。元嗣等懲劉山陽之敗，疑沖不敢進。停住夏口（首）浦。聞梁軍以將至。元嗣等仍相率入郢城。……沖……病……卒。元嗣等仍與沖子孜及長史江夏內史程茂固守。……元嗣等處圍城之中。無他經略，唯迎蔣侯神日禺中於州廳上祀以求福。鈴鐸聲晝夜不止。又使子文導從登陴巡行。旦

日觀傳如之，事下共知其所言。(卌六上)

南史吳慶之傳：大明三年，司空竟陵王誕據廣陵。……彭祖運廣

司空。又因謀殺。於是與柳元景舉兵依當塗陵傳郡家事。令

慶之往謁司空。元景至從甚之上。給郵吏為十人。門施行馬。初

慶之嘗夢引鹵簿入廁中。慶之甚惡入廁之鄙。時有善占夢者

為解之曰："君必大富貴，然未在旦夕。"問其故，答曰："鹵簿固是富

貴，容廁中所謂後帝也。知君富貴不在今主，及中興之功。"自爾

稍至是而登三事。(卌七上)

之言，吾弟術子傳意陵文宣王子良贈書[redacted]昭書。實

左右……知其謀。以告御刀朱光尚。光尚之之挾左道以惑東昏。由

請朱語曰。昨見蔣王之邑陽王宵吃在外結靈帳友。須官出行。何送葬處門入。事不可圖。時東宮日將盡。聞此說。方悟。不復出。の大勝曰。此皆是事見俳諧(の四の十)

南史張敬兒傳。性好卜術。信夢尤甚。初征荆州。每見諸將帥。不遑有餘計。惟敘夢云。未貴時。夢居村中。社樹忽高數十丈。及在雍州。又夢社樹直上至天。以此誘説部曲。自云貴不可言。由是不自測量無知。又於鄉里為謡言。使小兒輩歌曰。天子在何處。宅在赤谷口。天子是阿誰。非猪如是狗。敬兒家在冠軍。宅前有地名赤谷。既得開府。又望班劍。語人曰。我車邊猶少班蘭物。敬兒始（一作自若書。）於事。既得僭密都下。又の方寧請。意不日志。其妻尚氏亦曰。吾昔

夢一事甚異。如而吾曰南陽郡之徽中夢一辭甚。如此。吾曰本
朝。建之中夢半辭甚。昔曰吾朝。今實學辭甚矣。以昔所親。言六
奏初夢後夢。又言今學辭甚矣。(五五上)

南史梁宗室傳吳平侯景。弟昂。徵為琅邪彭城二郡大守。時有女子。
年二十許。散髮黃衣。在武窟山石室中。無所修行。唯不甚食。或
出人間。時飲少酒。鵝卵一兩枚。人呼為聖姑。就求子。往往有効。
造者充滿山谷。昂呼問。無所對。以為祆惑。鞭之二十。創即差。失
所在。(五一上)

南史梁武帝諸子傳邵陵攜王綸。大寶之年。綸至郢州。刺史南平
王恪讓州於綸。綸不受。乃上綸為假黃鉞都督中外諸軍事。綸

於是晝夜。攻勝率高正陽殿。內外齋宿。遂罷齋。而雖有驚懼。假城隍神。將直出。有青蛇遶牛口。出西門。抱其幪帳中。無何風起。飄颺於江。（見三八上）

南史曹景宗傳　天監……五年。魏中山王英攻鍾離。……六年。……先是旱甚。詔祈蔣帝神求雨。十旬不降。帝怒。命載荻欲焚蔣廟并神影。爾日開朗。欲起火。當神上忽有雲如繖。倏忽驟雨如瀉。臺中宮殿皆自振動。帝懼。馳詔追停。少時還靜。自此帝畏信遂深。自踐阼以來。未嘗躬自到廟。於是備法駕將朝臣修謁。是時魏軍攻圍鍾離。蔣帝神報敕。許扶助。既而無雨水長。遂挫敵人。亦神之力也。凱旋之後。廟中人馬腳盡有泥濕。當時並目

觀寶。」（全五上）

南史[redacted]王僧辯傳：「命即率巴陵諸軍沿流討景。……進師尋陽。軍人多夢周何二廟神云：吾已助天子討賊。自稱征討大將軍。並乘朱航。俄而反。曰：已殺景。同夢者數十百家。」（三四上）

南史陰子春傳：「子春仕歷位朐山戍主、東莞太守。時青州石鹿山臨海先有神廟。刺史王神念以百姓祈禱糜費。毀神影。壞屋舍。當坐棟上。有一大蛇。長丈餘。役夫打撲不禽。得入海水。爾夜子春夢見人通名詣子春云：有人見苦。破壞宅舍。既無所託。欽君厚德。欲憩此境。子春心密記之。經二日而知之。甚驚。以為前所夢神。因辦牲醑請召。安置一處。數日。復夢一朱衣人相聞辭謝

記得天存焉。嘗以一器相報。予甚以喜。供事綦勤。隨自錄。敘列

蔡胸山。聞諜莫知。予甚設伏擒破之。後擢西吉州刺史。鎮胸山。

（写于述）

南史吴明徹傳。就汝南周弘正學天文孤虛遁甲。略通其術。頗以

英雄自許。陳武帝亦深奇之。（写与述）

讖言將出自南史文學下卞彬傳（七一述）

南史孝義傳下諸暨東洿里屠氏女。父失明。母痼疾。親戚相棄。鄉里

不容。女移父母遠住紵舍。晝采樵。夜紡績。以供養。父母俱卒。親

營殯葬。負土成墳。忽空中有聲云。汝至性可重。山神欲相驅使。

汝可為人療病。必得大富貴。女謂是魅魖。弗敢從。遂得病積時。

隣舍人有讒賊婦女。女武療之。自覺病便差。遂以巫道爲人療疾。無不愈。家產日益。僞至多羽聚之。女以婦兄爲輩守墳墓不攜。爲山劫所殺。（七三，8上）

南史恩倖傳綦毋珍之，就蔣主廐乞顧得三品縣，往蔣主廐討稿，因此送廷尉。（七七，8上）徐世檦收得手跡人件及呪詛文。又畫帝十餘形像，備爲刑斬刻削支解之狀，而自作己像，著通天冠、袞服。題云：徐氏皇帝。永元二年，事發，乃誅之。（七七，8上）

南史賊臣傳景官反。謂其衆，以爲家口並見殺。……紹宗遣謂曰：B余等家並完。乃被髮向北斗以誓之。景士卒並北人，不樂南渡。其將暴顯等各率所部降紹宗。景軍潰散。（八十上）　先是大

同中。童謠曰。青絲白馬壽陽來。景渦陽之敗。求錦。朝廷所給青
布。及是。皆用為袍。采色尚青。景乘白馬。青絲為轡。欲以應謠。
述　「景立蕭正德為帝。……改年曰正平。初。童謠有正平之言。
故立號以應之。既而中外斷絕。有羊車兒獻計。作紙鴟。繫
以長繩。藏敕於中。簡文出太極殿前。因西北風而放。冀得書達。
群賊駭之。謂是厭勝之術。又射下之。及篡。修陵。王導使術
士以方釘於要地釘之。欲令後世絕滅。
宋書周朗傳。世祖即位……時普責百官讜言。朗上書曰。……凡
鬼道惑眾。妖巫破俗。觸木而言怪者不可數。寓采而稱神者非
可算。其原本是亂男女。合飲食。因之而以祈祝。從之而以報請。

是疾不除。而害未息。凡一苑始立。一神初興。淫風輒以之而甚。今修隄以北。置園百里。峻山以西。居靈十房。糜財敗俗。其可稱限。又針藥之術。世寡復修。診脈之伎。人鮮能達。民因是益徼於鬼。遂棄於醫。重令耗惑不反。死夭復半。今太醫宜男女習教。在所應遣吏受業。如此。則當愈於媚神之祝。徼正勝邪之數矣。宋八二下

天地眚勿復劾三公。晉書天文志。魏文帝黃初二年。六月戊辰晦。日有蝕之。有司奏免太尉。詔曰。災異之作。以譴元首。而歸過股肱。豈禹湯罪己之義乎。其令百官。各虔厥職。後有天地眚。勿復劾三公。(十二上)

魏書孝文帝紀太和十二年九月甲午。詔曰。日月薄蝕。陰陽之恒度耳。聖人懼人君之放怠。因之以設誡。故稱日蝕修德。月蝕修刑。迺癸巳夜。月蝕盡。如仰己下。宜慎刑罰。以答天意。（七下2上）　案此詔之言可謂自相矛盾矣。豈史文有誤耶

又十六年八月。庚寅。車駕初夕月於西郊。遂以為常。（七下4下）

又肅宗紀神龜二年十有二月……詔除淫祀。焚諸雜神。（九4上）

又皇后傳。又魏故事將立皇后必令手鑄金人以成者為吉不成則不得立也。（十三上）　此殆來自西域

又故事。國有大喪。三日之後。御服器物。一以燒焚。（十三2下）　此乃烏丸俗

魏孝文幽皇后與母常氏求託女巫禱厭。魏書皇后傳（十三卷）
魏書鄧淵傳 孫宗慶妻韓巫蠱伏誅（廿四卷）
又穆崇傳 初太祖避窟咄之難，遣崇還察人心。崇夜至民中，留馬
與從者。乃微服入其營。會有火光。為舂妾所識。賊皆驚起。崇求
從者不得。因匿於坑中。徐乃竊馬奔走。宿於大澤。有白狼向崇
而號。崇乃覺悟。馳馬隨狼而走。適去。賊黨追至。遂得免難。太祖
異之。命崇立祀。子孫世奉焉。（卷廿七）
又和跋傳 太祖……於豺山收跋，刑之路側。……後世祖西巡
因幸豺山校獵。忽遇暴風。雲霧四塞。世祖怪而問之。群下
僉言。跋世居此土。祠冢猶存。其或者能致斯變。帝遣建興公古弼

祈以三牲。霧即除散。因世祖（太武）嘉將之曰。亦先覺之。（卅八上）北史廿四上

魏書古弼傳。世祖（太武）崩。吳王立。以弼為司徒。高宗（文成）即位。與張黎（吳王余）

尉為大[redacted]並坐議不合旨。俱免。有怨謗之言。其家人告巫蠱。

俱伏法。時人冤之。（卅八上）北史廿五上

又李先傳。善占相之術。太祖……又問。卜筮風角。卿能通不。先曰。

亦並習讀。不能解。（卅三上）

魏書事行天文。見太祖紀天興三年（二上）

又太祖紀六年（二下）　太宗拓跋持傳（卅三上）

又見崔浩傳（卅五上）（卅五下）

又祖信崔浩（卅五上）見崔浩傳　徐（?）傳（九一上）鐵（?）傳（九一下）

魏書李順傳。李（?）……迷事傳中。禧（?）於書（?）……發……衛刀。稱

隱居之文。首錄求稱（?）。……（卅六上）北史卅六上

魏書司馬休之傳：孫彌陀，以選尚臨涇公主，而辭以先取時陵子
寶瑾女。子瑾並坐祝詛伏誅（卅七傳）。蓋瑾傳附見祖。瑾女婿
鬱林公司馬彌陀以選尚臨涇公主，瑾教彌陀辭託，有誹謗咒
詛之言，與彌陀同誅（四六傳）
又尒朱榮傳：榮發晉陽，猶疑所立，乃以銅鑄高祖及咸陽王禧等
六王子孫像，成者當奉為主，惟莊帝獨就（七四傳）
又郭祚傳：祚納太和之冕，獻后之冕也，詔從必不悅。初太和
之后，臨閣部下人情未附，惟恃若部隨從，又密為太和計，轉
天神詭國大業，出於祚。及太和嘉之，出入繁顯。（八三上外戚）
魏收經中記集錄占說不行（九一傳）見魏書術藝

殷紹撰四序堪輿大行於世 魏書術藝傳（九一術藝）（北史八九藝術）

尒朱榮行卜筮 見魏書術藝劉靈助傳（九一術藝）

劉靈以方術著[blot]成效 見魏書術藝傳（九一術藝）

王叡以天文卜筮見信於文明太后 見魏書恩倖傳（九三恩倖）

魏書蕭寶夤傳「時陪陰人范長生。頗有術數。寶夤行之。勸稱即百六。」

十二年。僭稱皇帝。（九六外）

祖先成為預言家如吐谷渾是其例 魏書吐谷渾傳（一〇一）

地萬以醫巫見信於醜奴 立為皇后 惑醜奴母子祖惠言在天上 見魏書

蠕蠕傳（一〇三）

魏書高車傳「俗不清潔。喜致震霆。每震則叫呼射天而棄之移去。」

至來歲秋。馬肥。復相率候於震所。埋羖羊。然火。拔刀。女巫祝說。
似如中國被除。而群隊馳馬旋繞百帀乃止。人持一束柳桋回
樹之。以乳酪灌焉。（魏書高車傳）。高宗時。五部高車合聚祭天。衆
至數萬。大會。走馬殺牲遊遶。歌吟忻忻。其俗稱自前世以來。無
盛於此會。（同上）業書馬技句如一似以呼射天事之射
天歟
按殷氏宗教可資致中撰者之一（殷三一殷王）（卷七）七折北軒
著者神道帝紀神道國主體……同書世興推廣蘇葬其地……
一〇（三上）專卒未注之
又廣帝紀廣自得南土。嵬以。孝昭不議。屬之宜乃秦。孝昭深惡

之。厥號鄉儺譯。而無益也。」蓋之句而孝昭崩（見北史）　高祖令史

見文宣言對侵儺孝昭與毛夫人亦見之。儺禳厭之事。或煮油

四灑。或持炬燒逐。諸屬方出殿梁。騎棟上。歌呼自若。了無懼容。」

見孝昭紀末（上）

北齊書神武明皇后婁氏傳太寧二年。春。太后寢疾。衣忽自舉。用

巫媼言。改姓石氏。（見北史）

又武成皇后胡氏帝（後主）自晉陽奉太后還鄴。至紫陌。卒遇大風。舍

人魏僧伽明風角。奏言即時當有暴逆事。帝詐云鄴中有急。彎

弓纏矟。馳入南城。令鄧長顒幽太后北宮。」（見北史）

又文襄六王傳河間王孝琬傳河南王之死。諸王在宮內。莫敢舉聲。

唯孝琬大哭而出。又怒執跋。為草人而射之。和士開與祖珽譖之。云草人擬聖躬也。（十一頁）

北齊書孝昭六王傳：樂陵王百年，孝昭第二子。帝臨崩，遺詔傳位於武成。並有手書，其末曰：百年無罪，汝可以樂處置之。而學書人……河清三年，五月，白虹圍日再重，又横貫而不達。赤星見。帝以盆水承星影而蓋之。一夜，盆自破。欲以百年厭之。……斬之。（十二頁）

又段榮傳：榮少好曆術，專意星象。（十六頁）

城隍神。見北齊書慕容儼傳（四十下）北史五三注

北齊書儒林傳：權會兼明風角，妙識玄象。（四四上頁）……貴遊子

篤慕其傳義者，或就其宅，或寄宿鄰家，晝夜承間，受其學業。會
諸趣順說，常誦機悟，隨所解，並錄於私懷，輒不及言學
徒有請問者，經無所說，亦云此學可知不可言。諸夏華夷莫不
第不由此道，何須問也。今唯有一子，亦可以此術相共謹傳
也矣此
北方有術，付任于弟子，東人少好易占，頗有風角。尋述於朝之所聞
符上天。高祖起於信都，引以館客。歸降一札。而兩變遂從家
年。三合王鎮。高祖將返宮，尋即焉許之。北來時妄當大捷遂得
共了。請萬為哭。不復請郡之。機而識果大破。其後亦從征討。北
言多中。可九遷　任都督之術對于高祖為館客，可九遷　詳

許遵明易善筮。兼曉天文風角占相逆刺。其驗若神。齊神武引為館客。（藝上）

趙輔和。少以明易善筮為業。亦高祖時人。（藝上）綦母懷文。以道術事高祖。武定初。官軍與周文戰於邙山。是時官軍旗幟盡赤。西軍盡黑。懷文言於高祖曰。赤火色。黑水色。水能滅火。不宜以赤對黑。土勝水。宜改為黃。高祖遂改為赭黃。所謂河陽幡者也。（藝上）

又張子信。又善易卜風角。（同上）

又李賢傳。東壽安前歲。魏文帝嗣位之始。思景亭殿。年以壽遠字何嘉。令狀帝林邸。（同上）

又于翼傳。建德二年。出為……安州總管。時屬大旱。溳水絕流。舊

信安遂元陽。禱向北山祈雨。高祖先禁淫祀。山廟已除。羣望遂生
靈祭之。即日。澍雨應降。歡慶者萬年。民應風之。熊今歌舞。翔翼
（續四北史）

宋明堂用樂殿儀。但作方殿。屋雕畫之。無三十六戶七十二牖之
制。宋書禮志（宋8上）

魏書序紀。神元皇帝力微三十九年。遷於定襄之盛樂。夏の月。祭天。
諸部君長皆來助祭。唯白部大人觀望不至。於是徵而戮之。遠
近肅然。莫不震懾。（一 2上）北史一下

又太祖紀。登國六年。夏の月。祀天。（二 2下）北史一上

又天興元年の月。帝祠天於西郊。麾幟有加焉。（二 6上）北史一 7上

魏書太祖紀

天興三年十二月乙未，詔曰：世俗謂漢高起於布衣而有天下，此未達其故也。……帝王之運，所鍾不可以非望求……

……時太史屢奏天文錯亂，帝親覽經占，多云改王易政，故數革官號，一欲防塞凶狡，二欲消災應變。已而慮群下疑惑，心謗腹非。丙申，復詔曰……三以等其餘叙廢（二8上）北史一8上

又天賜三年夏四月庚申，復幸犲山宮。占授著作郎王宜弟造兵法孤虛立成圖三百六十時，遂登定襄角史山，又幸馬城（二8上）

北史一9上

又六年夏，帝不豫。初，帝服寒食散，自太醫令陰羌死後，藥數動發。至此逾甚，而災變屢見，憂懣不安。……謂百寮左右，人不可

信。處於天文之占。或有肘腋之虞。……於是朝野人情。各懷危懼。有司懈怠。莫相督攝。百工偷劫。盜賊公行。巷里之間。人為希少。帝亦聞之。曰。朕縱之使然。待過災年。當更清治之耳。……（二107）一上 北史

魏書世祖太武皇帝紀始光四年五月。車駕西討赫連昌。……戊戌。至拔鄰山。帝親祈天告祖宗之靈而誓衆焉。（四上23）二下 北史

大太延元年六月。甲午。詔曰。……有鄗婦人。持方寸玉印。詣潞縣侯孫家。既而亡去。莫知所在。……文曰旱疫平。……比年已來。禎瑞仍臻。……其令天下大酺五日。禮報百神。守宰祭界內名山大川。……（四上 北史 二4上）

魏書文成帝紀興安二年八月戊戌。詔曰。朕即位以來。百姓晏
安。風雨順序。邊方無事。衆瑞兼呈。不可稱數。又於苑内獲方寸玉
印。其文曰子孫長壽。……其令民大酺三日。諸殊死已下。各降
罪一等。（五一下）北史二止
北史魏本紀孝武皇帝即位於東郭之外。用代都舊制。以黑氊蒙
七人。歡居其一。帝於氊上西向拜天訖。自東陽雲龍門入。（五七下）
魏書
要
又文帝大統四年。春正月。辛酉。拜天於清暉室。終帝世遂爲常。（五
七上）
北齊書神武紀武定五年正月朔。日蝕。神武曰。日蝕其爲我耶。死

亡何振。（字述方）校史 10上

北史齊本紀後主諸宮奴婢、閹人、商人、胡戶、雜戶、歌舞人、見鬼人。

濫得富貴者將以萬數。（又見上）

北史隋本紀文帝開皇十八年五月辛亥。詔畜猫鬼、蠱毒、厭魅、野

道之家。投於四裔。（同上）隋書二 62

又二十年十二月辛巳。詔毀壞偷盜佛及天尊像、嶽鎮海瀆神形

者。以不道論。沙門壞佛像。道士壞天尊像。以惡逆論。（同上）隋書二 45上

又仁壽二年閏月。甲申。詔尚書左僕射楊素與諸術者刊定陰陽

舛謬。（同上）隋書二 47下

又推爲小禁。言神燭聖杖。堪能療病。又信巫覡解石文。以爲己瑞

隋書二 10上

象。(十一上)　隋书高祖纪赞：文雅好符瑞，暗于大道。(二十下)

北史后妃传：魏文成文明皇后冯氏：以文成崩。国有大丧，三日后，御服器物，一以烧焚。(十三上)

又　宣武皇后高氏：时天文有变。灵太后欲以当祸。是夜暴崩。(十三上)

[redacted]

又　齐武明皇后娄氏：大宁二年。春。太后寝疾。衣忽自举。用巫媪言。改姓石氏。四月。辛丑。崩于北宫。(十四上)

又　隋文献皇后独孤氏：异母弟陁。以猫鬼巫蛊咒诅于后。坐当死。后三日不食。为之请命。……陁于是减死一等。(十四上)　隋书卅六21下

又　魏宗室传：秦王翰子眺成子仪……与宜都王穆崇伏甲谋乱。……

〻〻道武〻〻〻初而無之。天賜六年。天文多變。占者云。當有逆臣。

伏尸流血。帝惡之。頗殺公卿。欲以厭當天災。儀內不自安。單騎

遁走。帝使人追執之。遂賜死。（卷十五 8b）

北史景穆十二王傳南安王楨〻〻〻〻相州刺史〻〻〻〻楨又以旱

祈雨於群神。鄴城有石季龍廟。人奉[redacted]祀之。楨告神像云。三日不

雨。當加鞭罰。請雨不驗。遂鞭像一百。是月疽發背薨。（卷十八上）

北史崔浩傳〻玄象陰陽百家之言。無不該覽。研之於陰陽術數。

閱浩說易及洪範五行。善之。因命筮吉凶。參觀天文。考定疑惑。

（卷三十二）崔暹傳

北史[redacted]並擬陵。天平中。授徐州刺史〻〻〻陵侮蒂慢。寵妾

馮氏。長且姣。家人號曰成母。好士邢子才等多遊之。遂是假其威勢。恣情取受。刑政不立。……天保……五年。爲東兗州刺史。後據馮氏之部。爲馮氏厭蠱。頗失精爽。嘉遁偽風。馮氏受納狼藉。爲御史所劾。與棲俱召。詔付廷尉。訟因多毀奇。獄中致饌爲別詔斬馮氏於都市。支解爲九段。棲以病卒獄中。（四〇九）

北史公孫表傳，河西飢胡劉武反於上黨。詔表討之。爲所敗。帝深銜之。泰常七年。宋武帝殂。時議取河南侵地。以奚斤爲都督以表爲吳兵將軍。廣州刺史。表既剋滑臺。遂圍武牢。車駕次汲郡。館昌子蘇坦太史令王亮奏表置軍武牢東。不得形便之地。故令賊不時滅。亮之精於術數。又積前忿。及攻武牢。士卒多傷。

乃使人夜就帳中縊殺之。[illegible]

太史鄺範傳：範[illegible]將所遷京也。夜夢陰毛拂踝。他日說之。時有人

爲占夢太史董道秀。道秀以爲豐於富下矣。……必貴重權全勢。……

……后亦立。[illegible]

又高允傳：先是，敕允集天文災異，使事類相從，約而可觀。允依洪

範傳、天文志，撮其事要，略其文辭，凡爲八篇。帝覽而善之，曰：高

允之明災異，亦豈減崔浩乎。[illegible]

又允諫曰：誠如是，今國家營葬，費損巨億，一旦焚之，以爲灰燼。[redacted]

[redacted]……[illegible]

又李靈傳：曾孫之患，初之患將仕，夢手執炬入其父墓中，夜驚起。

甚然之。旦告其受業師，占云大吉。可謂先見之人也。貴于其占。

（四三下之下）

[redacted]

北史裴駿傳：子宣，素明陰陽之術。自指其期，使剋亡日，果如其言。（卌

（八之一）

又裴延儁傳：從祖弟良，時汾州吐京羣胡薛羽等作逆，以良兼尚書左丞，爲西北道行臺。時有五城郡山胡馮宜都、賀悅回成等以妖妄惑衆，假稱帝號，服素衣，持白傘白幡，率諸逆衆，於雲臺郊抗王師。良與戰破之。又山胡劉蠡升自云聖術，胡人信之，咸相影

附。而日之亩。逆徒還振。以良爲汾州刺史。加輔國將軍。行臺右丞

略。良以地人饑寒。及率衆奔西河。汾州之居西河。自良始也（四四

八卷）

北史房法壽傳附子豹。王思政入潁川。以慕容紹宗出討。豹爲紹

宗開府主簿兼行臺郎中。紹宗自云有水厄。遂於戰艦中浴。並

自投於水。冀以厭當之。豹白紹宗曰。……紹宗笑曰。不能免俗。

爲復爾耳。……（四九卷）未必知其不足行而猶爲之。蓋求全

之念深也

又楊素傳附約留意風角（四一卷）

女巫陽氏自云見鬼（見北史李崇傳）（四三卷）

北史叱列延慶傳：普泰初……時幽州刺史劉靈助，以莊帝幽崩，遂舉兵唱義。爾朱世隆白節閔帝，以延慶與大都督侯深討之。深以靈助善術，百姓信惑，未易可圖，欲且還入據要拒嶮，以待其變。延慶以靈助庸人，假以妖術，坐看符厭，寧肯戮力致死。宜說言西歸，可襲而禽。深從之……遂破禽之。（同九上）

又齊宗室諸王傳：清河王岳（神武從父弟）子勱，再遷楚州刺史（事在周隋之世）。城北有伍子胥廟，其俗敬鬼，祈者必以牛酒，至破產業。勱歎曰：子胥賢者，豈宜損百姓乎？告諭所部，自是遂止。（仝一下）

又開皇七年，時光州刺史上表曰：陳氏數年已來，荒悖滋甚。天厭亂德，妖實人興，空裏時有大聲，或行路共傳鬼怪，或刳人肝

以祠天狗。戎自稽首以厭祆訛。人神並懷。怪異殆盡。…………見討

有羅。山所出材。…………（見上）

又上靈岡岡有金溪　神書云　初彬士言云高州黑衣。由是自神書法。

安出川。石引人棄門。而黑衣始也。其時文宣帝普陽。以府三關

左右。曰何物最黑。對曰莫過漆。帝以漆第七弟當之。乃使庫真

欽措彼以絲伯昇之。鄭徽濮之玉崇陌橋。殺伯昇以地。濮何而

度。土人楓以送之。鐵鐮盛之。此新象至後回置地宇下。歲僻莫

治用欠疑。（見上社）

又慕容紹宗侍子三藏。以邊廊州刺史。…………十三年。至宣州界連雲

山巖。橫高崩卅三。詔頹郡國所置。使雕山所。其日紫雲浮於上。

雉兔馴壇側。使還以聞。上大悅。（五之三上）
北史段榮傳：少好曆術。專意星象。正光中。謂人曰。吾今觀玄象。察
人事。不及十年。當有兵矣。兵起[redacted]此地。天下因此橫流。無可避
也。未幾其言。……神武將圖關右。榮稱未可。及渭曲敗。神武曰。
不用段榮言。以至於此。（五之六下）
又斛律羌傳[redacted]作共用匈奴卜法。吉凶無不中。（五之九上）
又尒朱榮傳：父新興。太和中。繼為酋長。每行馬羣。見一白蛇。頭有
兩角。咒之。求畜牧蕃息。自是牛羊駝馬。日覺滋盛。色別為羣。谷
量之。（五之八上）
又魏蘭根傳：母憂。……將葬常山郡境。先有董卓祠。祠有柏樹。蘭

根以草屯送。不祀豊遺祠至今。乃啓刺史。請作而禱。左右人言有靈。蘭根了無軫躍。（五六107下）

北史李賢付武帝及齊王憲之在襁褓。不利居宮中。周文令於賢家處之。六載乃還宮。因賜賢妻吳姓宇文氏。養為姪女。賜與甚厚。（五九2上）

又賢弟穆。因太史奏（云如）當有移都事。帝（上）（隋文）以初受命。甚難之。穆乃上表曰。極言宜移都之便。帝（上）素嫌其城制度迮小。又宮內多鬼祅。蘇威嘗勸遷。上不納。遇太史奏狀。意乃惑之。至是省穆表。帝（上）曰。天道聰明。已有徵應。太師人（民）望。復抗此請。則可矣。遂從之。（五九6下）

又李諤傳。諤以禮教凋薄。諤陳其望。我告諤謂反。帝（上）（隋）文。今案其事。主者奏諧有不遜之言。實無反狀。帝賜酒而釋之。時上柱國元諧。亦頗失意。諧數與相往來。言論醜惡。胡僧告之。公卿奏諧大逆不道。罪當死。帝見諧愴然曰。朕與公舊同學。甚相憐愍。將奈國法何。於是詔曰。諧有周之世。早預人倫。朕共遊庠序。遂相親狎。然性懷險薄。巫覡盈門。鬼言怪語。稱神道聖。朕受命之初。深存戒約。口云改悔。心實不悛。乃一天神道。諧應受命。書有諧讖。天有諧星。桃鹿二川。岐周之下。歲在辰巳。興帝王之業。令之向何處有之災。又說其身是明王聖主。信用左道。所在詿誤。自言相表當王。不靜此而赦之。將或爲亂。禁錮除惡。宜伏國刑。帝復令大理正趙綽覆諧曰。時帝如此。將若之何。乃賜死於

家。（𥁕二〇九七）隋書二千九下

辯惑見北史穆祇傳第六子陁付（四〇七四）隋書卷九下

北史蘇威傳帝（隋文帝）嘗與文獻皇后寵鶴、蘇威及高熲、楊素、廣平王

雄四人。謂曰。大史言朕遷（祚）盡於三年。朕憂懣。故避此厲耳。今移

營南山峻處。與公等圖之。以觀時變。將如何。……（四三〇七）

大韋孝寬傳孝寬參軍曲嚴。頗知卜筮。謂孝寬曰。來年東朝必大

相殺戮。孝寬因令嚴作謠歌曰。百升飛上天。明月照長安。百升。

斛也。又言高山不推自崩。槲樹不扶自豎。令諜人多齎此文遺

之於鄴。祖孝徵既聞。更潤色之。明月竟以此誅。（四〇四七）

大柳[redacted]蚪見柳傳劉臻進巫蠱於廣太子勇而諫不聽（四〇四九）見隋書

付所准者自幸

伏大冀（四七〇〇）

北史李和附子徹。大業中。其妻元氏。為孽子安遠誣以咒詛。伏誅。
（卅六）
滕穆王。見北史楊寬附（卅八）
北史隋宗室諸王傳。滕穆王瓚。隨文帝受禪。瓚妃宇文氏。素與獨孤皇后不平。至是鬱鬱不得志。陰有咒詛。帝命瓚出之。瓚不忍離絕。固諫。帝不得已從之。宇文氏竟除屬籍。（卅一）
文子綸。以穆王嗣。嘗文帝世。每不自安。煬帝即位。尤被猜忌。綸憂懼。呼術者王琛問之。琛答曰。王相祿不凡。[redacted]即滕也。此字足為善應。有沙門惠恩崛多等。頗解占候。綸每與交通。嘗令此三人為厭勝法。有人告綸怨望咒詛。帝令黃門侍郎王弘窮驗之。

孫帝旨奏僞獻蠱惑逆。此當死……除名徙邊郡。（巴一卌）隋書

大衛昭王爽文帝弟爽寢疾。帝上使薛榮宗視之。云衆鬼為厲。爽令左

右驅逐之。居數日。有鬼物來擊榮宗。榮宗走下階而斃。其夜爽薨。……隋書

之子集……蕭……煬帝時。諸侯王恩禮漸薄。猜防日甚。集

憂懼。乃呼術者俞普明章醮。以祈福助。有人告集咒詛。憲司希

旨。鍛成其獄。奏集惡逆。坐當死。[redacted]……詔滕王綸坐與同連。

帝不忍加誅。除名遠徙邊郡。（巴上件）

又房陵王勇。帝有廢立之意。勇頗知其謀。憂懼計無所出。聞新豐

人王輔賢能占候。召而問之。輔賢曰。白虹貫東宮門。太白襲月。

皇太子廢退之象也。以銅鐵五兵造諸厭禳。又於後園內作庶人

（隨書四五廿）

杖。后寧寢疾。太子時於中寢息。布衣草褥。冀以當之。（卅一上）又下詔。……太子字令鄙文騰。專行左道。……豈膳豈之泥。……進引祅巫。營事厭禱。……第主齋下士何詠。假託玄象。妄說祅怪。……並處斬。妻妾子孫皆沒官也。（卅上）（卅下）

又庶人秀。煬帝陰作偶人。書帝及漢王姓字。縛手釘心。令人埋之華山下。令楊素發之。（卅一上）帝下詔數其罪。亦多述行厭禱誤隨多錯

又齊王暕。煬帝子。時國無儲副。暕自謂次當得立。又以元德太子有三子。內常不安。陰挾左道為厭勝。（卅二下）

又袁充傳。充性好道術。頗解占候。由是領太史令。時上將廢皇太

也。充見上雅信符應。因希旨進曰。比觀玄象皇太子當廢。上然之。充復表奏。隋興以後。日影漸長。……上大悅。告天下。將作役功。因加程課。丁匠苦之。仁壽初。充言上本命與陰陽律呂合者六十餘條而奏之。因上表曰。……今與物更新。改年仁壽。歲月甲子。還共誕聖之時並同。……上大悅。賞賜優崇。儕輩莫之比。仁壽四年甲子歲。煬帝初即位。充及太史（丞）高智寶奏言。去歲冬至。日景逾長。今歲皇帝即位。與堯受命年合。……仍諷齋互讀率百官拜表奉賀。後熒惑守太微者數旬。時繕治宮室。征役繁重。充乃上表。稱陛下修德。熒惑退舍。百寮畢賀。帝大喜。前後賞賜將萬計。時軍國多務。充候帝意。欲有所為。便奏稱天文見象。循有改作。以是取媚於上。大業六年。遷内史舍人。從征遼東。拜朝請大夫。秘書少監。以天下大亂。帝初罹雁門之厄。又盜賊益起。以不自安。充復託天文。上表陳嘉瑞以媚上。……書奏。帝大悅。超拜秘書令。親待逾昵。每欲征討。[redacted]皆預知之。乃假託星象。獎成帝意。在位者皆切患之。宇文化及殺逆之際。并誅充。

（七の6七）

北史趙綽傳。刑部侍郎辛亶嘗衣緋褌。俗云利於官。上以為厭蠱。將斬之。綽曰。據法不當死。臣不敢奉詔。上怒甚。謂綽曰。卿惜辛亶而不自惜也。命左僕射高熲將綽斬之。綽曰。陛下寧可殺臣。不可殺辛亶。至朝堂。解衣當斬。上使人謂綽曰。竟如何。對曰。執法一

心。不敢惜死。上拂衣入。良久乃释之。明日。谢罪。劳勉之。赐物三
百段。……上每谓缪曰。朕於卿无所爱惜。但卿骨相不当贵耳。
（七七九上）隋文帝
时安鱼俱罗付刘元进作乱。诏俱罗将兵向会稽诸郡逐捕之。……
战无不捷。然贼势浸盛。败而复聚。俱罗度贼非岁月可平。诸子
并在京洛。……恐道路隔绝。於时东都饥馑。谷食踊贵。俱罗遣
家仆将船米至东都粜之。益市财货。潜迎诸子。朝廷微知之。恐
有异志。发使案验。不得其罪。帝复令大理司直梁敬真锁将诣东
都。俱罗相表异人。目有重瞳。阴为帝之所忌。敬真希旨奏俱罗
师徒败衄。斩东都市。家口籍没。（七八〇上）

北史王世充付欲擊李密。恐人心不一。乃假託鬼神。言夢見周公。乃立祠於洛水之上。遣巫宣言。周公欲令僕射急討李密。當有大功。不則兵皆疫死。世充兵多楚人。俗信妖妄。故出此言以惑之。窮留請韓。（七九下）

北史

又賀訥傳：訥從父弟悅。初道武居賀蘭山。部下人情未甚附。惟訥舉部隨從。又密為帝祈禱天神。請成大業。出於至誠。帝嘉之。甚見寵待。（八十上）

又外戚閭毗付：先是巫覡言將有此。勸令為厭勝法。因除排而去從。……（八十下）

又儒林李業興付：神武以業興明術數。軍行常問焉。業興無曰。某日

某處據。謂所親曰。彼若去據。自然無事。彼若出敗。安得罪我。(四一)

9下

北史文苑傳許善心　帝(煬帝)嘗言及文章之盛，因問鬼神之事。敕善心與崔祖濬撰靈異記十卷。(八三下)

北道術為

[redacted]治地讀法和國汎育相似(北史八九上)

北史藝術傳[redacted]庾季才(大)及表先言曰。宜長。上以同季才因言吉凶。給中深相禮。若非有祥異，當使人執宗帝。(七八上)　隨甫

謗。上大怒。由是免職。(八九上)

隋文時以術自進者。蕭吉其一。見北史藝術傳(八九上)　又參

寶常(九十上)

生而為神者。梁樂宗王是也。見梁書諸弟傳(卷四)(上)

北史僭偽附庸傳：鐵弗劉氏，太武與赫連昌對於統萬城外……有風起，方術者趙倪勸帝更待後日，崔浩叱之，遂破昌軍。（九三之下）

又突厥傳：下詔曰：彼地咎徵祆作，將年一紀，乃獸為人語，人作神言，云其國亡，訖而不見。每冬雷震，觸地火生，種類資給，惟藉水草。去歲四時，竟無雨雪，川枯蝗暴，卉木燒盡，饑疫死亡，人畜相半。舊居之地，赤地無依，遷徙漠南，偷存晷刻。此則上天所忿，驅就齊斧。幽明合契，今也其時。（九九上，隋書八四下）

通鑑開皇八年伐陳詔：近日秋始，謀欲吳人，益部樓船，盡令東鶩。便有神龍數十，騰躍江流，引伐罪之師，向金陵之路，船住則龍止，船行則龍去，四日之內，三軍皆睹……（一七六下）

隋书高祖紀開皇十一年春正月。丁酉。以平陳所得古器多為妖
變。悉命毀之。(二 21)
[redacted]
又禮志初帝既受周禪。以黎元未愜。多説符瑞以耀之。其或造作
而進者。不可勝記。来仁壽元年冬至祠南郊置昊上帝及五方
天帝位並於壇上如封禪禮板備言之(六 6下)
五帝之號靈威仰等之義。見隋書禮志(七 5下)
隋书禮志。高祖既受命。遣〻〻〻章榮詣同州告皇考桓王廟。兼用
女巫。同家人之禮。(七 6上)

「古稱臘者接也，取新故交接。」隋開皇四年十一月見隋書禮志

（見述）東晉為臘之反訓

隋書律曆志：「時高祖作輔，方行禪代之事，欲以符命曜於天下。道士張賓，揣知上意，自云玄相，洞曉星曆，因盛言有代謝之徵，又稱上儀表非人臣相。由是大被知遇，恒在幕府。及受禪之初，擢賓為華州刺史，使與……等議造新曆，仍令太常卿盧賁監之。賓等依何承天法，微加增損，四年二月撰成奏上。」（見述）

又天文志[redacted]「及高祖踐極之後，大議造曆，張胄玄兼明揆測，言日長之瑞。有詔司存，而莫能考決。至開皇十九年，袁充為太史令，欲成胄玄舊事，復表曰：『隋興以後，日景漸長……』」

是時廢庶人勇。晉王廣初為太子。……上臨朝謂百官曰。景長
之慶。天之祐也。今太子新立。當須改元。宜取日長之意。以為年
號。由是改開皇二十一年為仁壽元年。此後百工作役。並加程
課。以日長故也。皇太子率百官詣闕陳賀。案日徐疾盈縮無常。
充等以為祥瑞。大為議者所貶。（卷十九 10下）

隋
書五行志大業中齊王暕……時上無太子。天下皆以暕次當
立。公卿屬望。暕遂驕恣。呼術者令相。又為厭勝之事。（卷二三 8上）
又梁武陵王紀祭城隍神。將烹牛。忽有赤蛇繞牛口。（卷二三 7上）
又東魏武定四年。後齊神武作宰。親率諸軍。攻西魏於玉壁。……
聽孤虛之言。於城北斷汾水起土山。其處天險千餘尺。功竟不

殺死者七萬(卅三上)

隋書地理志眉山郡龍遊縣。後周置。曰峨眉。及置平羌郡。開皇初。郡廢。九年。改縣為青衣。平陳日。龍見此。隨軍而進。十年。改名焉。大業初。置眉山郡。(卅九下)

又揚州其俗信鬼神。好淫祀。……此大抵然也。(卅一下)

又大抵荊州率敬鬼。尤重祠祀之事。(卅一下)

又經籍志王儉七志。五曰陰陽志。紀陰陽圖緯。梁有秘書監任昉殿鈞四部目錄。又文德殿目錄。其術數之書。更為一部。使奉朝請祖暅撰其名。故梁有五部目錄。(卅二下)

星占望氣隋志在天文家。兵家有孤虛、陰陽、諸占、知占風占氣雜占解

去法　氏百连信在五行家如風角六官遯甲嵗占鳥情禽獸
諸災祥卜筮六壬田家曆々家百兵百事禁忌嫁娶産乳拜官
占夢相々宅圖墓等　破字要決一卷當即今之拆字（四の近）
以上皆見五の卷
通　书劉昉傳高祖誅昉等下詔曰……梁士彥……積有相者。云
其應錄。年逾六十。必據九五。……昉……常云姓是卯金刀名
是一萬日。劉氏應王。爲萬日天子。……劉共士彥論太白所犯
問東井々而。……（四八23）
王[redacted]中郎傳弘請依古制修立明堂上議曰。爲书帝命驗曰。帝者承
天立五府。赤曰文祖。黃曰神升。白曰顯紀。黑曰玄矩。倉曰靈府。

鄭玄注曰：夏府與同之所掌同矣。（四九下）

隨書李徹傳：大業中，其妻宇文氏為孽子安遠誣以呪詛，伏誅。（五〇上）

隨書高勱傳：……徙楚州刺史。……先是城北有伍子胥廟，其俗敬鬼，祈禱者必以牛，至破產業。勱歎曰：子胥賢者，豈宜損百姓？乃告諭所部，自此遂止，百姓賴之。（五〇上）

又許善心傳：大史奏帝即位之年，與堯時符合。帝楊善心議以國哀甫爾，不宜稱賀。述（宇文述）諷御史劾之，左遷給事郎，降品二等。……帝嘗言及高祖受命之符，因問鬼神之事，勅善心與崔祖濬撰靈異記十卷。（五八下）

隨書煬三子傳元德太子昭……因勞致疾帝令巫者視之云房
陵王爲祟未幾而薨（五九上）
又齊王暕傳暕妃韋氏者民部尚書沖之女也早卒暕遂與妃姊元
氏婦通遂産一女……召相工令徧視後庭相工指妃姊曰此
産子者當爲皇后王貴不可言時國無儲副暕自謂次當得立
又以元德太子有三子內常不安陰挾左道爲厭勝之事（五九下）
又宇文愷傳奏明堂議……表曰尚書帝命驗曰帝者承天立五府以
尊天重象赤曰文祖黃曰神斗白曰顯紀黑曰玄矩蒼曰靈府
注云唐虞之天府夏之世室殷之重屋周之明堂皆同矣（六〇上）
隨世言符瑞之臣王劭袁充傳在隨書六十九

隨書儒林傳何妥……與沈重等撰三十六科鬼神感應等大義九卷。封禪書一卷……

又藝術傳耿詢著鳥情占一卷，行於世。（七八叶上）

隨文帝在位時言符瑞者。庾季才（六21上）隨書來和傳（同上）

隨書藝術傳蕭吉，及隋受禪，進上儀同，以本官太常考定古今陰陽。書（七八叶上）

又臨孝恭，高祖甚親遇之，每言災祥之事，未嘗不中。上因令考定陰陽。（七八叶下）

又劉祐著婚姻志三卷，產乳志三卷。（七八叶下）

隨書真臘傳，近都有陵伽鉢婆山，上有神祠，每以兵五千人守衛

江。城東有神名婆多利。祭用人肉。其王年別殺人。以夜祀禱。上有守衛廿千人。共殺寃和焉。(八二〇)

又漕國俗甚信溪祠。葱嶺有順天神。儀制極華。金銀鍱為屋。以銀為地。祠者日有千餘人。祠前有一魚脊骨。其孔中通。馬騎出入。

(八三九)

魏書劉芳傳。芳以靈星之祀不應隸太常。上疏曰。靈星本非禮事。兆自漢初。專在祈田。恒隸郡縣。郊祀志曰。高祖五年。制詔御史。其令天下立靈星祠。牲用太牢。縣邑令長侍祠。晉祠令云。郡國縣祠稷社先農。縣又祠靈星。此靈星在天下諸縣之明據也。(五五)

64上

魏所祀神穀。見魏書禮志（初陸子仙註）

魏書刑罰志：世祖即位，以刑禁重，神䴥中，詔司徒崔浩定律令……

……爲蠱毒者，男女皆斬而焚其家。巫蠱者負羖羊抱犬沈諸淵。（止）

（註節）

死魃。北齊書後主紀：武平五年夏五月，大旱。晉陽得死魃，長二尺，面頂各二目。帝聞之，使刻木爲其形以獻。（以此）

神車[redacted]。通鑑晉孝武帝太元十年，劉顯謀殺拓跋珪，母賀氏……賀氏乘元璽家匿神車中三日。注：北人無室屋，遊以車爲帳，神車則於軍中所載，事之同神，謂之神車。（止）

蘇侯神。通鑑元嘉三十年，元凶劭拜蘇侯神爲驃騎將軍。注：蘇

齊書崔祖思傳「蘇侯神即蘇峻也」（從紅）

寒食饗。通鑑齊武帝永明十年「魏罷寒食饗」注「舊俗冬至後一百五日為寒食。初學記曰：周舉移書、魏武明罰令、陸翽鄴中記並云寒食斷火起於子推。按周禮司烜氏仲春以木鐸循火禁於國中，注云為仲春將出火。今寒食準節氣是仲春之末，清明是三月之初，然則禁火蓋周制也。魏先以寒食饗祖宗，今以其非禮罷之」（從紅）

寒食、端午、七夕之饗皆虜禮。通鑑齊明帝建武元年「魏罷五月五日、七月七日饗祖考」注「魏端午、七夕之饗，猶寒食之饗，皆虜禮也」（從紅）

我國譯經總數

佛典汎論十二頁

玄奘以後分新譯

又十三頁

譯經之制

又十四頁

佛典譯本之胡本

佛典凡論十二頁十六頁

宗教

喇嘛教[redacted]出於吐蕃[redacted]

吐蕃之俗，本重鬼而右巫，事羱羝為大神，其教號為苯。國歲一小盟，用羊犬猴為牲；三歲一大盟，夜肴諸壇，用人馬牛驢為牲。凡牲必折足裂腸陳于前，使巫告神曰：渝盟者有如牲。可見其崇拜動物，迷信盟誓，且尚有殺人以祭之習，其宗教之程度，與羌藏諸族相去初不甚遠。其自棄宗弄讚以後，而佛教大興，則以與中國及印度交通之盛使然也。

據蒙古源流，乃以呼勒丹蘇隆贊年十三歲即位，二十三歲取巴勒布國沃噶羅巴喇木巴特瑪汗之公主，二十五歲復娶唐公主，二公主之至，皆以佛象經卷來，乃令諸藩臣人至印度留學。

以所学。令讲土伯特国有之字母。[redacted]创制新字。欲遂大译经典。于是佛教大兴。[redacted]传恭苏陇对[redacted]苏陇[redacted]哩勒丹租克丹汗三世。至持苏陇德赞。唐金城公主出也。系通经典。时则乌斯雅纳国。有巴特玛撒巴斡师。以精于[redacted]密。既使迎致。以驱除土伯特地方之魔鬼。又大译经典。持苏陇德赞之子穆迪赞汗立。穆迪赞之子赞汗立。之子支哩卜宗立。造佛寺。所并将经等未译经卷。尽行译出。时则土伯特之郎达玛。系太子支哩卜宗弟。朗达玛立。残害僧人。残毁佛教。[redacted]郎持至其子苏陇时。[redacted]佛教又兴。後唐鄂勒苏陇之子巴勒科尔赞立。乃复建寺宇。经教中兴焉。系宗喀巴所著书。前所载古书中年代为唐。书所载古蕃赞普年代世次。均不相同。[redacted]宗喀巴之世。次第为以宗喀巴为据。年代则为以唐次。书为宗喀巴之年代。後人不及。唐书所载古蕃赞普世次。

也[redacted]不完具。[redacted]節譯言路德史。自當以屢有為據言
字義。知則仍當以原瑯跋為信。故當有[redacted]所述，亦蒙古史也。當屬據
魯有由後將原瑯跋所載者為比勘。而于此巴特瑪爾巴特印喇
嘛則仍就原瑯跋所述。撮錄其大要焉。
喇嘛之祖。祖也據西[redacted]國而藏學家所研究。語言蒙古書字謂以
以吐蕃所行之佛教。之義。印度為高尚。其時已分為二派。一派信自
如國。一派信自[illegible]。以漢文所著巴喇木巴輯卑瑪什之公主
所譯入者也。而中國所傳之一派大盛。其西藏人所存者
于方衆。教。教未解。顉文。故喇嘛一派[redacted]洛振除教。而尚其乘
盧。入。云云。
[redacted]今之。兩藏。後。林居。于刺嘛。已成。後。教。一。之俗。其樓。唐。于所見
五年。翻郭郎中。譯洛住使。華編錄。蘭布。於本。錄蘭布。其議。唐。國

東坡也、此兄處妹已、謝其壽、主知。居鑑西尚結髮之盟。從其請。詣壇西南浮屠幢之墳。亦可見其行儀之篤也。

推命

北齊方伎傳：魏寧以善推祿命徵，爲館客。武成親試之，皆中。乃以己生年月託爲異人而問之。寧曰：極富貴，今年入墓。武成驚曰：是我。寧變辭曰：若帝王自有法。（四九）

北史孫紹傳[redacted]紹嘗與百寮赴朝。東掖未開。守門候旦。紹於衆中引吏部郎中辛雄於外。竊謂曰：此中諸人尋當死盡。唯吾與卿猶享富貴。未幾。有河陰之難。紹善推祿命。事驗甚多。知者異之。（四六）案舉朝之人紹不能一一推其祿命也。知河陰之難當由他術也。

北史周宗室傳宇文護：先是，護母閻與皇第四姑及諸國戚並□

麽。皆被出黎。護居軍相感。安置了使詩求和。莫知音息。至是並詩
還耘。且詩和松。四年。定保皇祐先至。麽主以護權重。乃留其母。以
為法郎。仍令人為閣作方與護田。……皆在東川鎮。生治人數。
大者爾獸。第二爾鬼。治有爾地。（五七延）
此史載元付仁宗初。元言上本命與陰陽律呂合。此年錄傳而
奏之。因上表曰。皇帝載誕之初。非止神光瑞氣。嘉祥應感。至於
本命行年。生月生日。並與天地日月。陰陽律呂。運行相符。義叶
合會。此誕聖之期。曆之元。今與物更新。改年。仁事。尊月甲子。
運共誕聖之時兼同。以合天地之心。以仁壽之瑞。故知洪基長
寧。永之無窮。（巴の你迄）

北史藝術傳：魏寧以善推祿命，徵爲館客。武成以己生年月託爲異人問之。寧曰：極富貴，今年入墓。武成驚曰：是我。寧變辭曰：若帝王，自有法。（卷八九）

又臨孝恭著……祿命書二十卷。（卷八九）隋志六下

宗教（[illegible]）

此節言五德更王，唯有二家之說：鄒衍以相勝立體，劉向以相生
為義。相勝之義，於木為青土生，子火水生金，唯以土為赤帝
子，秦以水為白帝子。（見宋書曆志（十二頁））
魏氏雜議曰：前代但見讀春夏秋冬四時令。至於服黃之時，輒闕
不讀。今不解其故。（宋書禮志（十五頁））……高堂隆……四。……土……
……王四季各十八日。土生於火，故於火用事之末服黃，三季則
闕。其令則隨四時，不以五行為令也。是以服黃無令。其後太祖
常讀（四）土令。（宋書禮志）魏行事見曆代門
晉書石勒載記：初平令師懽獲黑兔，獻之於勒，程遐等以為勒龍

預革命之祥。於晉以水承金，免陰精之祲，言為水色。此示殿下
宜速副天人之望也。於是大赦，以咸和三年改年曰太和(雜述)
乃以咸和五年僭號趙天王，行皇帝事。……侍中任播等參
議，以趙承金為水德，旗幟尚玄，牲牡尚白，子社丑臘。勒從之。
……獲石國璽，勸宜即尊號。勒乃僭即皇帝位。(下述)
晉書慕容儁載記：……以永和八年僭即皇帝位。……群下言：大
燕受命，上承光紀，黑精之君，運歷傳屬。代金行之后，宜行夏之
時，服周之冕，旗幟尚黑，牲牡尚玄。儁從之。(下述) 韓恒傳：儁僭
位，將定五行次，眾論紛紜。恒時疾在龍城，儁召恒以決之。恒未
至，而群臣議以燕宜承晉為水德。既而恒至，言於儁曰：趙有中

庶。非唯人事。天所命也。……且古華夏之興。始自於震。終於易。震為青龍。受命之初。有龍見於都邑城。謂為木德。此莫之符。如傳初殊維改。後終從恒議」（注62）

又慕容暐載記」暐鎮軍將軍郭欽奏議。以暐承石季龍為木德。暐從之。」（注22）案韓恒傳所謂從從恒議者即指此

又姚萇載記」以大元十一年。萇僭即皇帝位於長安。……自謂以火德承苻氏木行。服色如漢氏承周故事。」（注44）

書起虞迄唐一周。帝代正朔服色。宋亦然」宋書禮志（注31）

魏本用土德。仍夏正。明帝改正朔。崩而復之（注30）同上（注十）

晉武帝泰始元年有司奏晉行尚金（注21）宋書曆志

齊書高帝紀建元元年改元嘉曆爲建元曆。木德盛卯終亥。以正
月卯祖。十二月亥臘。（二上）
魏書高祖紀太和十四年八月詔議國之行次（七下3上）
十六年正月壬戌詔定行次以水承金（七下4上）（見魏書禮志，禮志一，卷108）
隋書高祖紀開皇元年六月。癸未。詔以初受天命。赤雀降祥。五德
相生。赤爲火色。其郊及社廟依服冕之儀而朝會之服旗幟犧
牲。盡令尚赤。戎服以黃。（一2上）
拓跋氏初用土德（見魏書禮志，禮志一108）
周以木承水（周書閔帝紀三上）

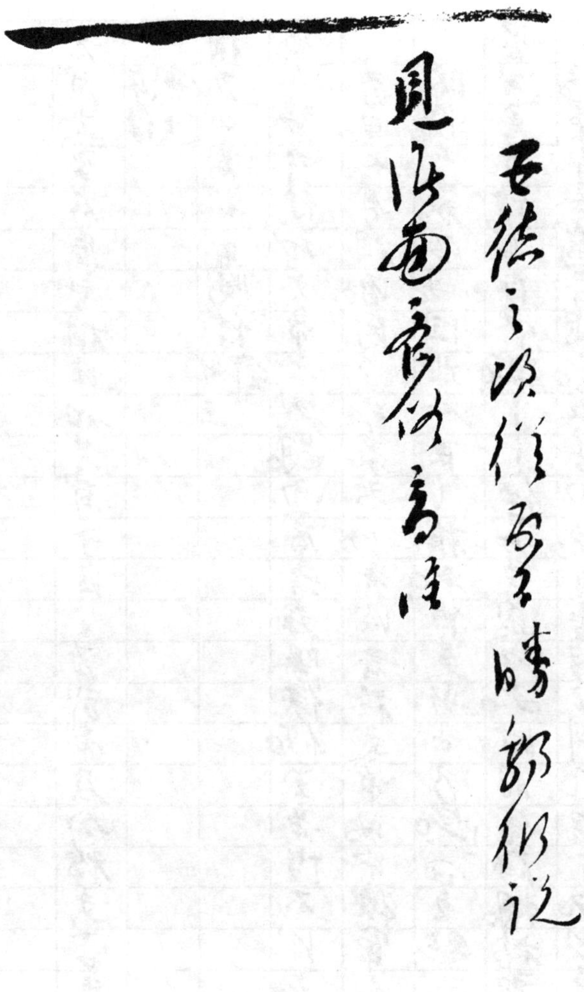

相

孝武文李太后，善相者知其有子，將生孝武帝及會稽文孝王。晉書

本傳（卅二）

相刀。晉書王覽傳卅三

晉書裴秀傳：初，文帝未定嗣，而屬意舞陽侯攸。武帝懼不得立，問秀曰：人有相否？因以奇表示之。秀後言於文帝曰：中撫軍人望既茂，天表如此，固非人臣之相也。由是世子乃定。（卅五）

晉書吾彥傳：出自寒微……仕吳為通江吏。時將軍薛珝杖節南征，軍容甚盛，彥觀之，慨然而歎。有善相者劉札謂之曰：以君之相，後當至此，不足慕也。（五七卷）

晉書周訪傳　初訪少時，與善相者廬江陳訓，訓謂訪與陶侃曰：二君皆位至方嶽，功名略同，但陶得上壽，周當下壽，優劣更由年耳。

（同上）

晉書陶侃傳……師圭謂侃……君左手中指有豎理，當為公；若徹於上，貴不可言。（卷六六　8上）

晉書王廙傳　廙上書元帝，臣昔嘗侍坐於先后，說陛下誕育之日，光明燭室，白毫生於額之左，相者謂當王有四海。（卷七六　五下）廙元帝姨

第

晉陵韋叟知檀憑之有急兵之厄。晉書檀憑之傳（卷八五　4上）

魏詠之生而兔缺，有善相者謂之曰：卿當富貴。晉書魏詠之傳（卷八五　6上）

晉書趙至傳 稽康每曰。卿頭小而銳。童子白黑分明。有白起之風矣。（九二下）

晉書劉元海載記 父豹言昔從邯鄲張冏母司徒氏相。云吾有貴子。（一〇一上） 屯留崔懿之襄陵公師彧，知其貴（下）

又石勒載記 父老及相者皆曰此胡狀貌奇異，志度其終不可量也。（一〇四上）

又石季龍載記 年六七歲。有善相者曰。此兒貌奇有壯骨。貴不可言。（一〇六上）

徐統知將軍之貴 晉書苻堅載記（一一三上）

宋書武帝紀 [redacted] 皇甫敷率將千人

逆戰。……檀憑之與高祖為御一隊。憑之戰敗見殺。……初高祖與何無忌等共建大謀，有善相者。相高祖及無忌等，並當大貴。甚驗。益以憑之無相。高祖與無忌密相謂曰：吾等既為同舟，理無偏異。吾徒咸皆富貴，則檀不應獨殊，深不解相者之言。至是而憑之戰死。高祖知其事必捷。（宋書武帝紀上）……蓋左里之戰，公所執麾竿折，幡沈水，眾並怪懼。公歡笑曰：往年覆舟之戰，幡竿亦折。今者復然，賊必破矣。（以上）此所以安眾心耳，而相者之言則所以鼓士氣，惟據之羣力撫遊劉季初起時諸神怪之有由也。

宋書沈攸之傳：時吳郡孫恩之亂（初攸之依叔父），金帛交易，乘小船出京都。三人共上引據。有一人止而相之。曰。君三人皆當至方伯。倏之曰。豈有主人俱有此相。相者曰。當法如此。若有不驗。便是相者誤耳。其後倏之為郢荊二州。趙之廣州。景文南豫州刺史。（七〇一上）南史卅七下

齊書皇后傳：宣孝陳皇后，后生太祖。有相者謂后曰。夫人有貴子而不見也。（廿上）南史后妃傳十一上

又王敬則傳：母為女巫。生敬則而胞衣紫色。謂人曰。此兒有鼓角相。敬則年長。兩腋下生乳。各長數寸。（廿六上）

又李安民傳：子勳平時帝大會新亭。勞接諸軍主，樗蒲官賭。安民五擲皆盧。帝大驚。目安民曰。卿面方如田。封侯狀也。安民少時貧窶。有一人從門過。相之曰。君後當大富貴。與天子交手共戲。

至是。安民尋此人。不知所在。（卅九之下）南史の
又呂安國傳。時宋將帥又有吳郡金崇文……与沈攸之同載
出都。到奔牛埭。於岸上息。有人相之。謂並當方伯。攸之富貴。
崇文謂攸之曰。富貴要可人耳。今言皆然。此指遣言也。（卅九之上）
又王僧虔傳。僧虔少時。群從宗族並會。客有相之者。云僧虔年位
最高。仕當至公。餘人莫及也。（卅三之上）南史（二之）
又蕭諶傳。諶建武二年被疾。隱于左道。蕭與典恨夫獻相謹云。相不減
高帝。諶喜曰。感卿意。無為人言也。至是文獻伏誅。（四二之）南史（四二之六）
又江祏傳。時有廣陵人。能相脈。高宗髀上有赤誌。常秘不傳。祏
勸帝出以示人。晉壽太守王洪範罷任還。上袒示之曰。人皆謂

此是日月相。仰卓無世言。諸範曰：此日月之相在庭。必得河陽。

時有言之云：卿上方貴。（同二七上）

高帝於蔡使蔚泰少時。有人相其貴得三公。而年裁三十。後為

孔琇傳：翊。又問相者。云無便可相。年壽其懼。亦可得方伯耳。死

時年四十七。（同五一上）南史卅五上

高祖孝嗣傳：未識之，見逆之者，辭相論。（同五七上）

又魏廣傳：初，玄度（玄之）自云，臂上有封侯誌。宋世以示世祖。時世

祖於其寢與之唇曰：窟方成，臂上一相也。（同七二下）

梁書呂僧珍傳：始童兒時。從師學。有相工歷觀諸生。指僧珍謂博

士曰：此有奇聲。封侯相也。（甲十一上）六 南史五六上

陳書章昭達傳。少時嘗遇相者。謂昭達曰。卿容貌甚善。須小虧損。別當富貴。梁大同中。昭達為東宮直。因醉墮馬。鬢角小傷。昭達喜之。相者曰。未也。及侯景之亂。昭達率募鄉人援臺城。為流矢所中。眇其一目。相者見之曰。卿相善矣。不久當貴。（廿二史）南史六六

又驗文宋侍中年十二。宗人有善相者云。此郎容貌非常。必將遠致。（廿二史）七4下　南史六

南史宋武帝紀。帝鎮石頭城。立留臺。總百官。……初晉陵人韋叟（帝為鎮軍將軍。都督[illegible]州諸軍事。徐州刺史。[illegible]）[illegible]善相術。桓脩令相帝。當得州不。叟曰。當得邊州刺史。退而私於帝曰。君相貴不可言。帝笑曰。若中。當相用為司馬。至是。叟謁帝曰。成王不負桐葉之信。公亦應有司馬之言。今不敢希鎮軍

司馬。顏何常佐。於是同惡。（二三下）

又畢之帝紀……又稍生黑子。巫媼見曰：此大貴。不可言。（六上）

初從劉係受相術。因訊以年。答曰：未至五十。當有小厄。禳之可免。帝自勉曰：苟有期會。禳之何益。及是四十七矣。（七上）

南史后妃傳：梁武丁貴嬪：相者云當大貴。……武帝鎮樊城。嘗登樓以望。見漢濱五采如龍。下有女子擘絖。則貴嬪也。又丁氏因人以相者言聞之於帝。帝贈以金環。納之。時年十四。貴嬪生而有赤痣在左臂。療之不滅。又體多疣子。至是無何並失所在。

（二二上）

南史王晏傳：數呼相工自視。云當大貴。（部的中）禱謀（卅四下）

南史柳元景傳：元景少時貧苦。嘗下都。至大雷。日暮寄宿。鄰有嫗。嫗之數。岸側有一老父。自稱善相。謂元景曰。君方大富貴。位至三公。元景以為戲之。曰。人生免飢寒之幸。富貴寧可望。父曰。後當相憶。及貴。求之。不知所在。（卌八頁）

又言高帝討子勛至西陽。昭至尋巫覡者言尋有非常之相。以此自負。宋帝聞之。猶無疑。未嘗害帝也。（同三頁）

又江祏傳：親重當代。時帝欲以劉暄為雍州。暄時方希內職。不願遠役。投於祏。祏謂帝曰。昔人相暄。得一州便躓。今為雍州。儻相中乎。上默然。俄召暄至。謂曰。今使卿為雍州。閫外一以相委。（同上頁）

南史庾杲之傳：叔父蓽，蓽子喬，喬子賓以少醜慧。家富移財。好賓客。食必列鼎。又狀貌豐美。頤頰開張。人皆謂賓必為方伯。無餒乏之虞。及魏剋江陵。卒至餓死。時又有水軍都督褚蘿。面甚尖危。有從理入口。竟保衣食而終。（同九上）

又呂僧珍傳：初，武帝起兵攻郢州。久不下。咸欲走北。僧珍獨不肯。累日乃見從。一夜。僧珍忽頭痛壯熱。及明而顙骨益大。其骨法蓋有異焉。十年。疾病。天監十年車駕臨幸。中使醫藥日有數四。僧珍語親舊曰。吾昔在蒼梧。夢兩蓋蓋。時無憎不寤。主人見謂卿有富貴相。必當不死。俄而果驗。吾今已富貴。而復壽貴。所者與昔政同。必不復起。竟如言。卒於領軍官舍。（同六上）

南史韋鼎傳。陰陽逆刺。尤善相術。初鼎之聘周也。嘗遇隋文帝。謂曰。觀公容貌。不久必大貴。貴則天下一家。歲一周天。老夫當委質。願深自愛。時蘭陵公主寡。上為之求夫。選親衛柳述及蕭瑒等。以示鼎。鼎曰。瑒當封侯。而無貴妻之相。述亦通顯。而守位不終。上曰。位由我耳。遂以主降述。上又問鼎。諸兒誰得嗣。答曰。至尊皇后所最愛者。當與之。非臣敢預知也。上笑曰。不肯顯言乎。（見八卷）

又陳宗室諸王傳。長沙王叔堅母本吳中酒家婢。相者言當生貴子。宣帝微時。因飲通焉。生叔堅。（見六卷）

又[redacted]傳。述熙。大精相術。宋明帝時。山陽王休祐屢以言語忤顔。見道驗。既以已視爲他物。今道驗占之。道驗曰。此乃黄叢。其使人多猜忤。休祐以褚彦回詳密。求換其校。他日。彦回侍於帝。自稱下官。帝多忌。甚不悦。休祐具以狀言。帝乃意解。（七三下）

南史恩倖傳：綦毋珍之在西州時。有一手板。相者云當貴。每以此言動帝。又國黄門郎。帝曾問之曰。卿西州時手板何在。珍之答曰。此是黄門手板。有何須問。帝大笑。（七七上）

骨相。見北齊書神武帝紀。又述景此即所謂摸骨相者。

北齊書崔㥄傳：㥄族叔景鳳。景鳳又景哲。子鳳。幼好學。汎覽經傳。多伎藝。尤工相術。（卅三上）

摸相稱相。北齊書方伎傳皇甫玉。摸骨相也。長史度育而善

部相の九丁六丁此丈

此史鼓渊付录和著相经三十卷〆九丁迄　蒲吉著〻〻〻相撲要

録一巻[redacted]相撲服要訣一巻〆一丁迄　六丁　随筆

附书撲稽杂相手順撲六巻墨打手順撲受順図書府有板而也
指略錦叙伍兵将軍程申伯相而作

氏一巻七　四の丁迄

宋表（下並）

宋書後廢帝紀：太宗諸子在孕，皆以周易筮之，即以所得之卦爲小字。故帝字慧震，其餘皇子亦如之。（見上）

又后妃傳：後廢帝江皇后……大明中，太宗訪求太子妃，而雅信小數，名家女多不合。后弱小，門無強蔭，以卜筮最吉，故爲太子納之。（四一）

13下（宋史十二上）

又王微傳：太祖以其善筮，賜以名蓍。（六二下）

南史劉休傳：泰始初，諸州反，休筮明帝當勝，靜處不預異謀。（四七上）

又高逸傳：徐伯珍好釋氏、老莊，兼明道術。歲常旱，伯珍筮之，如期而雨。南齊（五四下）南史隱逸傳（七六上）

宗教（下並）

晉書郭璞傳：璞撰前後筮驗六十餘事，名爲洞林。又抄京費諸家要最，更撰新林十篇、卜韻一篇。（卷七二上）

又苻健載記：杜洪……合百寮中之五車踏。健筮之，遇泰之臨……

……（卷一一二上）

[redacted]書柳世隆傳：世隆善卜，別龜甲價一篇。（卷の廿四）南史[redacted]著龜經秘要二卷行於世（卷の廿四）子惲，惲著卜杖龜經。（卷三八）

又荀伯玉傳：……少爲柳元景撫軍板行參軍，南徐州辟從事。王子勛鎮軍行參軍。泰始初，子勛舉事，伯玉友人孫沖爲將帥，伯玉隸其驅使，封新亭侯。事敗，伯玉還都，賣卜自業。建平王景素聞而招之。伯玉不往。太祖鎮淮陰。伯玉仍身結事。爲太祖冠軍刑獄參軍。太祖爲明帝所疑。及徵爲黃門郎。深懷憂慮。伯玉勸太祖遣數十騎入虜界。安置標榜。虜果遣游騎數百履行界上。太祖以聞。猶懼不得留。令伯玉卜。伯玉斷卦不成行。而明帝尋崩。太祖復本任。由是見親待。（卅一之上）（南史四七上）

梁書鄧元起傳。元起之巴東。聞蜀亂。使蔣光濟筮之。遇蹇。喟然歎曰。吾豈鄧艾。而及此乎。後果如筮。（十之上）（南史五五上）

又處士傳阮孝緒。時有善筮者張有道……（五一之上）南史隱逸傳（七六下）

南史元帝紀。丁亥。魏軍至柵下……庚子……是夜。有流星墜城中。帝援蓍筮之。卦成。取龜式驗之。因抵於地曰。吾若死此下。豈

卜筮

非命定。因緣男女而修德可回。至其死活在天。所以定矣。（只此）

又著……筮經十二卷（只此）

弈棋占卦。南史江謐傳……以弈棋占卦。云有吉有凶來。此校正柄。……收送廷尉。詔賜死。帝以[illegible]事畢（卅六上）

南史劉休傳……泰始初。諸州反。休素能筮。知明帝終當勝。靜然不與異謀。（卅七上）……明帝在藩。常使筮其男女。無不如占。（卅七上）

又吉士瞻傳……年登四十。恩遇不得志。乃就江陵卜者王先生討祿命。王生曰。君擁旄杖節非一。所一年當得驃騎大將軍。（六十五上）案

種曲王先生亦為劉高

南史賀瑒傳……伯祖道養。工卜筮。經遇工歌女人病死。為筮之。曰。此

(宗義)(下篇)

非死也。天帝所之戮耳。乃以土塊加其心上。俄頃而蘇。(同上)

獲明元之子王傳樂平王丕坐劉潔事。以憂薨。丕之薨及日者董道秀之死也。高允遂著筮論曰。昔明元之末。起白臺。其高二十餘丈。樂平王嘗夢登其上。四望無所見。王以問日者董道秀。筮之曰。大吉。王默而有喜色。後事發。王遂憂死。而道秀棄市。道秀若推六爻以對王曰。易稱亢龍有悔。窮高曰亢。高而無民。不爲善也。夫如是。則上寧於王。下保於己。福祿方至。豈有禍哉。今舍於本而從其末。咎釁之至。不亦宜乎。(同上)

此文古人作

又景穆十二王任城王雲子澄傳。後高祖外示南討。意在謀遷。齋於明堂左个。詔太常卿王諶親令龜卜易筮南伐之事。其兆遇

第〇〃〃（十九卅北）

魏書鄭淵傳：博覽經史。長於易筮。（四〇北）　北史鄭羲 海（三五北）

北齊書清河王岳傳：高祖從父弟。初，岳家於洛邑。神武高祖每奉使入洛，

必止於岳舍。岳母山氏嘗夜起，見高祖室中有光，無火燭。密往覘之，乃無

燈。即移高祖於別室，如前所見。怪其神異。詣卜者筮之，遇乾卦

大有。〃〃山（十三北）　北史 五一北

又儒林傳：權會為人占筮。小大必中。但用爻辭彖象以辯吉凶。

易占之驗。數不徒也。（同四北）

又方伎傳：王春少好易占。（同九北）

又宋景業傳：顯祖令景業筮。遇乾之鼎。（同九北）

又謂遵世明易善筮。（四九上）

又吳遵世少學易，入恒山，從隱居道士遊處。數年，忽見一老翁，謂之云：授以開心符。遵世跪取吞之，遂明占候。後出遊京師，以易筮知名。魏孝武帝之將即位也，使遵世筮之，遇明夷之賁。〻〻（四九下）

又趙輔和少以明易善筮爲術家。高祖崩於晉陽，葬有日矣，世宗書令顯祖親卜宅兆，相於鄴西北漳水北原。顯祖與吳遵世擇地，頻卜不吉。又至一所，命遵世筮之，遇革。遵世等數十人咸云不可用。輔和少年，在眾人之後，進云：革卦於天下人皆凶，惟至宗用之大吉。革彖辭云：湯武革命，應天順民。顯祖遂營基。碩云。

即以此地為定。即葬平陽也。占家亭（叶甚妙）有一人久疾。是人訪依
別託相知者筮之。筮者云：此卦甚吉。疾愈。是人喜出。問和
謂筮者云：卦乾下坤上。此則文人士矣。胥何言者。答以此間
記。（四九卷）
北史齊本紀：顯祖文宣皇帝將受魏時，使李密卜之，遇大橫，曰：大
吉，漢文帝之卦也。（五卷）
北史許彥傳：從沙門法叡受易。太武徵令卜筮，頻驗，遂在左右。參
與謀議。（四六卷）
又藝術傳：顏惡頭並莫之處，章武安解釋（八九卷）[redacted]
王春，少精易占。……從征討，恒令占卜，其言多中。（四卷）
齊神武引為館客……
吳某

世遇石之卒經尤貴遂剧書與占書云云亦著易林雜占百餘卷（北史）。趙輔和少以明易善筮爲神武館客。遇革遇泰遇乾之晉（北史）。解法選少以相術大受高祖擢愛，筮亦多工。（北史）許子信，文善易筮及風角之術。（北史）

魏書景穆十二王傳：高祖外示南討，意在謀遷，齋於明堂左个。詔太常卿王諶親令龜卜易筮南伐之事。其兆遇革。（十王傳）

卜筮

北史王安元附劉顗書傳。尤精兵法。曉龜策。推步盈虛。（七九上）

北史文苑傳顏之儀。龜策歷象。咸得其要。（八三下）

隋書經籍志畢龜決一卷晉葛洪撰晉郭直要決龜音充九宮著龜

龜立一卷龜卜要決龜圖五行九親龜の卷又龜雜經三十卷

圖子經撰之（四の卅上）

東晉葛洪等有傳註名

又藝術傳臨孝恭著九宮龜經一百十十卷（巳八下）

宗教（佛）

牂泥鄴佛寺之紀何皆至（晉紀）佛寺銅鐘／鑄

姊妹（晉紀）

（晉書）晉書亡行理不相稱釋氏之學（晉紀）

苻堅非曾人，觀其行可知

（隋志）若以佛法事天，去修佛具修佛法理西臣

師（晉紀）

（晉書）苻堅載記和至佛法至佛（晉紀）

宗教（佛）

佛道盤有不相（贈張）

（寄秦）「般若」女尼真多隸擁功」（贈張述）

（崔顥）「方丈寧知世界續而下勝慕不

請遍祇樹而尼深於近寺修善不臨

老子羅主」（贈張述）

（書懷）瓊瑶」初大寶年方七歲即唱鐃鈸而書

宗真寂推佛之劃度女史之藏之一行

之郡案錄贊之而恒不符原」（贈僧述）

宗教

《劉遐傳》遐當時[illegible]同[illegible]
刺史《晉三》
《書·虞[illegible]》[illegible]民間[illegible]
《[illegible]孔[illegible]》《晉三》
《書·僧傳》[illegible]子[illegible]刺史常佛經《北六三》
《高[illegible]》[illegible]
[illegible]儒學所[illegible]《晉三》
[illegible]

宗教（佛）

唐高僧傳有鈔自錄佛名多處記

安義（羅隱誌）

（白居易）孔儒學之外於道釋典」（羅隱誌）

（段文昌）「元和四年，鄭餘慶劉禹錫於新

晉唐之前禮數備美，唐之緒字國朝」

（張姓）「大隱形佛書」（張姓）

李訓以宗室之之親，盡之從而哥」（張九[illegible]）

相聚念佛誦讀（羅隱誌）

宗教(佛)

廣弘明集捨道事佛文出([illegible]) [illegible]五頁

([illegible]傳)梁武帝佛[illegible]([illegible]紀)

([illegible])以[illegible]佛幼不自[illegible]無[illegible][illegible]之[illegible]條

名[illegible][illegible]世[illegible]不可闕[illegible]([illegible])

([illegible]傳)[illegible]年[illegible]修人[illegible]修[illegible]([illegible])

[illegible]([illegible])

([illegible]傳)許[illegible]字[illegible]傳([illegible]九上)

([illegible]傳)[illegible]

佛[illegible]([illegible])

宗教（佛）

[illegible]

[illegible]

[illegible]

[illegible]

[illegible]

[illegible]

[illegible]

[illegible]

[illegible]傳）[illegible]一切[illegible]（隋二[illegible]）

宗教（佛）

○廢於名于新作紀綱月封章除了見五行（要録上104）

尼者仙多高勝（魏紀84）蕭齊虞羣師

釋老志（魏紀94）

（釋擯義）卯大同中權異也遊鐵於多入龔黎

乃處分僧（魏紀95）

○老氏徽幸事（魏紀上60）

祥齋見此

度牒（劉十九11下）

一宋齋祥將其寺常女（104）

宗教（道）

（道）宗老子先聖（四七九—三上）

（高祖紀）武德七〈年〉（十月）丁卯幸終南山謁老子廟（一上）

（又）九年沙汰僧尼萬七千輩貢（東都留觀寺）（一上）

（太宗紀）（貞觀八）謂神仙事本虛妄（二上）

（又）二十年七月僧玄奘及前於亳州老君廟於兖州魯縣二十戶享祀焉（三上）

（又）（二十二年）（五月）使方士那羅邇婆娑於金飆門造延年之藥（三上）（卷四）（七五下）

（六四經）（聯外四上）

宮觀（道）

（宋史・禮志）六月，詔宮觀道士女冠處

觀無盡藏錢財於太平興國寺（唐會要）

（文[redacted]）五月，敕兗州界置紫雲

仙鶴等觀。觀寺非樓觀，摘云：天

下諸州各置紀寺一所。二月二十二日，敕諸州

奉去年三月三日追遠樓日大聖元皇帝廟

遂祠堂，其漸置令並改為一處降聖閣，

別為真師殿，以宗姓物結緣一年止。

（五上）

宗教（道）

（高宗紀）（上元元年）（十二月）天后上意見十二條，請王公百寮皆習老子，每歲明經一準孝經論語例試於有司（五九）

（又）（調露二年）（二月）幸汝州溫湯……至少室山……親謁少姨廟，賜玉清觀道士王遠知謚曰昇真先生，贈太中大夫，——幸嵩陽觀及啓母廟，並命立碑，又幸逍遙谷道士潘師正所居（五九）

（又）（永淳二年）（閏月）唐中岳順錢令皇太子監國（五九）

宗教(道)

(舊唐書孝子傳)
以常僧符劾乃則天所任使(八上注)
(中宗紀)(神龍元年)(二月)復國號……老君依
舊為玄元皇帝……(七上)……令貢舉人
停習臣軌，依舊習老子……(七上)……諸州
置寺觀一所，以中興為名……(紀)(四上)
(又)(九月)……禁化胡經……(七下)
(又)(三年)(二月)改中興寺觀為龍興，內外不得言
中興……(七下)
(睿宗紀)(景雲二年)(四月)詔曰：釋典玄宗，
理均迹異，拯人化俗，教別功齊。自今每

宗教（道）

[illegible]

~~[illegible]~~

[illegible]

宗教(道)

(又)(二十一年)(正月庚子朔)制令士庶家藏老子一本,每年貢舉人量減尚書論語兩條,策加老子策(又附)

(又)(二十二年)(近)(宜)徵恒州張果先生授銀青光祿大夫號曰通玄先生(又附)

(又)(廿五年)正月道士尹愔為諫議大夫集賢學士兼知史館事(又附)

付宗紀(追)太歲十二(丙申)六月(追)己亥天下仙洞靈君(追)李

權摘(追)(十二歲)

德宗紀(追)建中元(正月)己巳出郁方清官庚午

福方郡六年書章桂郎五(十二歲)(壬申)宋

覺部(追)正月己未剃上氣附方清官大郡辛

郎永上方夫上二年桂郎上(十四歲)出殯人

光緒宣重(十六歲)

足(共一)(歲)

宗教（道）

（唐書）凡天下觀同宗 故有欽之三綱（晉書）孫秀傳

之凡三元齋守甘日修空錦的真苦齋 凡道士

女道士宮觀名籍三年一造（同上三葉）

崇玄署（同上九葉）

鴻臚寺「凡中外寺觀三綱及京都大德皆取其道德高妙為眾所推者補充申尚書祠

部（同上四葉）

刑法志（同上四葉）

職官志（同六十二葉）

釋道

道家 二十九葉 八十一葉

本草

江夏第二十卷

宗教（道）

（白氏抄）
玄宗以皇后ノ死ノ女道士許齊集配流山人事
太真觀氏山（写二廿）
付宗女華陽公主ノ歸宮觀事ノ案上今宣師
道教名曰瓊華真人ノ事（二廿）
（臺無之）道士擾日洞上乾ノ成房記（百〇廿三）
（豬之翁）杜甫國春女無ト稽了翁ノ乃己成人居遊仙
仙學道得教ト一共居遊仙乃設其帳今
源（百六卅）

宗教（道）

（房中術）〈陶隱居本草〉[illegible]

[illegible]（五六〇）

（附醫學遺迹）[illegible]

[illegible]（六〇二）

[illegible]（六九一）

（輕徼）[illegible]（七一四）

[illegible]

[illegible]（七六三）

宗教（道）

諸葛孝昌之弟居鍊　言曰吾子當四才（年八十）

（青陽風道）又（譚道）書授四道士　陳[illegible]子（年九十）

陸修靜[illegible]道[illegible]月[illegible]不[illegible]道[illegible]（年八十）[illegible]

（羅元綽道）晚年始授齊道引之術年九十餘

辛[illegible]（年九十四）[illegible]

（[illegible]）井[illegible]賞六合[illegible]（年九十）[illegible]

（虛織風）[illegible]道士[illegible]

陳數[illegible]（年九十四）

[illegible]（九五頁）

[illegible]（九五頁）

[illegible]（九六頁）

（晉書）[illegible]

[illegible]（九九頁）

[illegible]（一〇五頁）

[illegible]（一〇七頁）

為請頒寶[illegible]宗師[illegible]道士一款（銀[illegible]）

[illegible]鴻濛[illegible]之青詞四本緣由（銀九兩）

廣信府道士李四顯[illegible]寶宣（銀[illegible]）

李昭請神仙（銀千兩）

李[illegible]具[illegible]方士（銀[illegible]）辛

新安縣[illegible]道士（銀[illegible]）後另補

常州[illegible]書符（銀[illegible]）

姜以[illegible]乞[illegible]道士（銀[illegible]）

[illegible]（銀九兩）

[illegible]（銀九兩）[illegible]壽

鄭郎道士[illegible]（銀[illegible]）

信劉季信ㄅ六藝業 以好經書博[illegible]不執以經書決

殺（錄六下）

古中村 書闕書上）蜀書上[illegible]（武帝紀）齊傳（錄八上）

遂乃修業於衛之傳之 決乃定之（錄五上）

崇樸用道之士許[illegible]（錄八上）

高祖（錄二[illegible]一上）

鄭法為李劉書其家（錄七下）

天后使道士幽棲（錄五上[illegible]）

重寫時寫之士江獻生（錄七上）

唐鄭國風[illegible]事以浙紙寫事（錄五上八上）

書宇做天文書（錄中七上）

繞粒[illegible]（錄[illegible]上）

[illegible]

[illegible]

[illegible]

[illegible]

[illegible]

[illegible]

[illegible]

[illegible]

[illegible]

[illegible]

[illegible]

白虎生　見述古王書知者　趙王見言論（陸上卄下一64）

[illegible]見七年一至二頁（陸三64）

唐祖帝多解其業（劉九94）

九官神（梁五三94）

祈先與雅大雲[illegible]　[illegible]　四學神（張九64）（張94）

鄭注録書不在古本中（鄭[illegible][illegible]）

降智命①月生吾弟弟儒对伯三義元

杜定紀贵元十二年（二十三九北）南渾年什（啓姓

み宅兆大都起辛①作㨗刊事刑之不

亲宗兄事㤛督①科此

許二吴豪豦鑑拉

宗教（三）

衍儒志

新初八年十月詔……御昭玄寺三教內典部文儒議者經令侍臣及僧道士等以次論議昂昇乃罷（卅二下）

（又）武德七年二月丁巳幸國子學親臨釋奠引道士沙門與學官相與駁難久之乃罷（卅四上）（舊紀九上）

（又）貞觀二年……肅翔孝釋奠……詔王育晏今年明年省諸道釋謝儒道僧居問竟日此禮久廢乃弁禁筆（四下）

李玄植傳又七代乃辦論（舊紀五上）

宗教

柳宗元三教統一論

宗教（摩尼）

（唐憲宗紀）元和二年正月庚子，迴紇請於河南府太原府置摩尼寺，許之（十四下）

回紇之信之摩尼寺（十八上61上）

回紇傳（九五8上）（元和十二年摩尼別狀　李德裕）

至

宗教（廢興）

□十年女冠僧尼見天子不拜一（四八九） 宗室羅欽文

武德九沙汰僧尼道士女冠 事見（一作）杜撰禪一顯大道（五九上）

置僧 尼傳 勅度僧齋 書觀音像 請納嘉禾

一、諸郡置寺三 觀二 詔置左府 藏郡縣僧（一）下 頁 課諸寺二下

（舊唐紀）龍朔二（五月）詔令道士女冠僧尼等並盡禮致拜

新設拜其父母（四九上）（八上）（卷121）不得

（三）（能事之）書稱見於呈仙鶴嵩觀寺

璮□雅壇重稿三寺 五下 詔改置觀寺二所（五上）

（四）（宗紀）（新誌之）（開元）詔置平觀一所分年興名

（安史）（三年十二月）諸州中四年觀分佛興內部不得言

中興（七上）

宗教（[illegible]）

（中宗紀）（神龍元）（十一月）則天皇太后崩。（二年）（十二月）僧會範、道士史崇恩等十餘人授五品，以崇聖善寺功也。（只頁）

（睿宗紀）（景雲二）（四月）詔：釋典玄宗，理均跡也，異拯人化俗，教別功齊。自今每緣法事集會，僧尼、道士、女冠等宜齊行以進。（四）（七頁）

（玄宗紀）（開元二）（正月）紫微令姚崇上言，請檢責天下僧尼，以偽濫還俗者二萬餘人。（只此）（見六頁）

宗教（興廢）

（一）寺紀（天寶三載）（四月）敕兩京天下郡郡
各令鑄金銅天尊及佛各一軀送開元觀
開元寺（九卷）（卅四頁）

（二）僧寺紀（大曆十四）（六月）敕……自今更不得奏置
寺觀及度人（十二卷）（廿一頁）

（三）開元二十[illegible]敕[illegible]諸[illegible]州[illegible]弘
諸州軌（十二卷）（四頁下）
宗[illegible]　[illegible]寺
下宗諸寺[illegible]財[illegible]務[illegible]（九九頁）
[illegible]
（[illegible]）[illegible]

宗教（廢興）

憲宗紀（元和二）（二月）（辛酉）詔僧尼道士全隸左右街功德使自是祠部司封不復關奏（十四）

李師道與嵩山僧圓淨謀反（十五下）（四七）（穆紀）

（元和十年）（十一月）出宮人七十二人置京城寺觀

文宗時數見（十七下紀）

武宗廢佛（十八上紀）（四七）（職志）（五二志）

宣宗之復（十八下紀紀）

宗教（興廢）

（萬壽道）一僧拘沙門赵野詆毀（萬壽樹）

（萬曆）太宗下詔佛氏論（六三頁下）

太平興國五年詔經譯經義（宅卅）（五一頁上）（五〇頁下）

僧尼經律譯釋義 寓人建了經律譯經化事

西蜀上供名補

僧尼數寫冊書 全國比丘尼數萬戶（七九頁下）

了了宇化文理 「為和尚門無定了」

橫寫寫出莊重了 「人了僧行寫了」

高僧傳

沙門羽錄已了了名氣（又九頁上）

宗教(廢興)

德宗李叔明請廢佛道　彭偃言道士尼

無賣財從緇童　僧尼耕織　但要課役法制與章

請五十以下課役同之夫　本末門(張燕)

宗教（雜）

（真宗紀）（景德九年）（八頁）「詔天下宮觀自稱真仙神異設淫祀非禮祠禱一皆禁絕去施」

（高宗紀）「爲兆紅謝雜占卜宗傳說」（三頁）

（咸淳五年）（十三頁）「禁妖祈二社并以社當立閣出外別爲邑會此外除二社外不得聚會司務加禁止」（五頁）

（寧宗紀）（嘉定三年）二月「禁天下採捕鯉魚」（六頁）

（開禧二年）正月「禁採捕鯉魚」（六頁）

中宗內鄉著只（九十中頁）

宗教（雜）

長安宗廟銅器又廢（七七上）

（元宗紀）（安之亂後）。下制作王公以下

祀之人多遵往來」（五上）。彭學華

祠事兵費如舊，田畢止之。頻禱祈（同上）

[redacted]

實爲言，蛇爲蟲，令于國澤（九上）。晚餓

於責人（代宗紀）（下二十上）。

李抱真行其說（十三上）

（德宗紀）貞元十五年（四月）。以久旱令陰

陽人法術祈雨」（十三上）

宗教（雜）

〔寰宇記〕（元和九〔卷二〕）「嫁人果報富貴康

第李稹中與吏部侍郎楊於陵僚力已

捐於陰祇，以告殺之」（十五頁）

〔天祐元年〕釋瞿曇有闡祐之國子博士

謝陽郡之名崔灑〔卅五頁下〕

〔元〕遣封祖詣の東月訪耗朔之年[illegible]之

〔羅上頁〕

二宗の薬獻貴[illegible]今考古神[illegible]考得來

原〔卅三頁〕

宗教（雜）

書冊

勅付天象書道經未出六下

一　祠祀　帝　初祀字　天文　禱頌　圖志

祈禱　占筮　符籙　符咒

祀典　天神　地祇　人鬼（四之三　祀）

占卜　祭

古禮書四九上

宗教(雜)

高宗廢后王氏與母柳巫祝厭禱(五一四)

紀黑后禱巫祝(五一七)

書生引女巫(五二一)蔡靜以雷等相(五二一)

肅宗后寶氏謹修當以祖教(五二一)

二宗后王氏以符厭廢(五一九)

王世充假託鬼神(五四三)

薛擧之孫若巫覡之(五五九)

宗教（續）

胡無身李執（又五上）

宋初中興異說大旨不甚

劉宗靜貴以來甚少，[illegible]漢（六卷）世

漢大老李將自是（六卷張世）

晉宋以後大抵佛[illegible]教

長[illegible]于佛書有微（四卷下）

永嘉好勝國大書陳碩真及百[illegible]言[illegible]等[illegible]文

（七卷下）

宗教（雜）

繼常你聞目之諸道者乎（頂三格）　自此至下另作旁人
王鐸草如佳勝南向相命（頂格）
者盡何先之度人可壽常使其財精（跟上）
禱生埃書付王字寶方符來攝中家參法厭
魅（跟上）
二房齋後授陰陽無覲仿符之言已為（頂）三十名
為牢相（頂格）
李德明就施術太而中書舍人（頂三格）
楊子琳有皆術我才聞（跟上）此等法辭以
盛之事也

宗教（雜）

（元魏）[illegible]陽人[illegible]（[illegible]）
（[illegible]）[illegible]萬善[illegible]律[illegible]（[illegible]）
右[illegible]（[illegible]）[illegible] 又[illegible]（[illegible]）
書城山妖賊（[illegible]） [illegible]等
[illegible]（[illegible]）
[illegible]國[illegible]（[illegible]）
王[illegible]（[illegible]）
李[illegible]（[illegible]）
[illegible]以[illegible]人[illegible]（[illegible]）
李[illegible]（[illegible]）

宗教(雜)

孝武不務以音律鼓吹爲業（晉卅三上）

軍夫謹明達樓三日（晉三九上）

穆之精要卜祝之應以重君上家[illegible]以座

時哉（晉九上）

崇信鬼神陰陽人以爲大常笑其妖也（晉四三上）

淮西甲午帝血書曰晉當興天以辟邪（晉[illegible]下）

日者嘗入李東宮（晉四上）

于畛廣萊而祠祀（晉六上）

賓宗之子傳行上宮（晉四六上）

宗教（雜）

周興嗣撰千字文字無復陽鵝鳥（頁二上）

羅什經咒衆各殊譯（頁三上）

女巫立宮令元妃隨坐（頁五上）

李播因撰婦人請講士夫（頁五下）

頫宗徽5君所寫附青海湖南省總陽書情書子所害（頁九上）

善算人（頁十上）

善視鬼（頁十上）

御書衆道術（秘記如般）（頁十上）

以藏序付元甫傍寧用作

附録縣委署秉有器幾者居

松泊修文市

該試州城

白劍第藏松師紬夫時悦多汁藤飼年名蒸篠西社

此花六月桐瓷

言語稍待一宜咲寂寞

圓遂

真予一言云謂西太虚千年未解其畏了生

石窟除百滌萬事長空

由太虚中生知天有何須求

[illegible]小乘[illegible]

三論（[illegible]）（性宗）[illegible]

涅槃[illegible]

南　律宗[illegible]

北　地論[illegible]

祖　淨土宗[illegible]

自創　禪宗　拈花微笑[illegible]

自創天台[illegible]（智者大師）

西方淨土[illegible]

[illegible]

八宗[illegible]華嚴宗[illegible]

[illegible]法相宗[illegible]

[illegible]

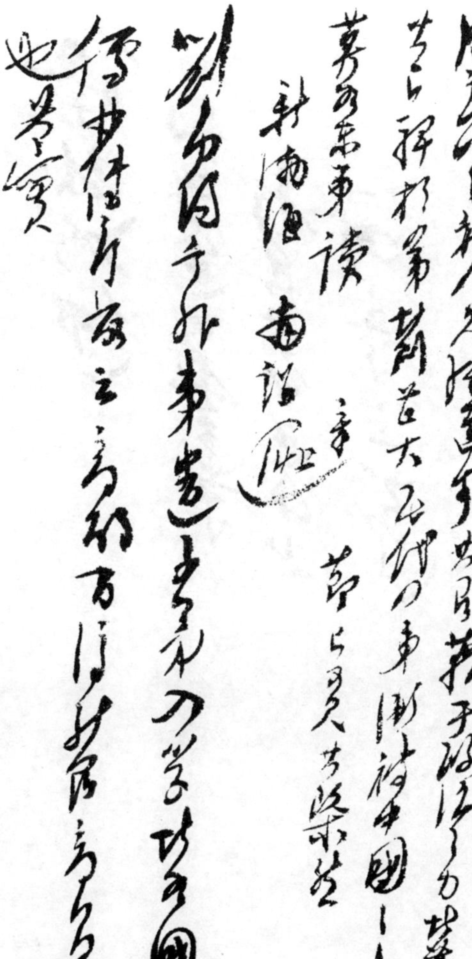

（宗教）（佛）

論佛道之盛衰

郡縣之存亡存亡

（四、年、二十節）

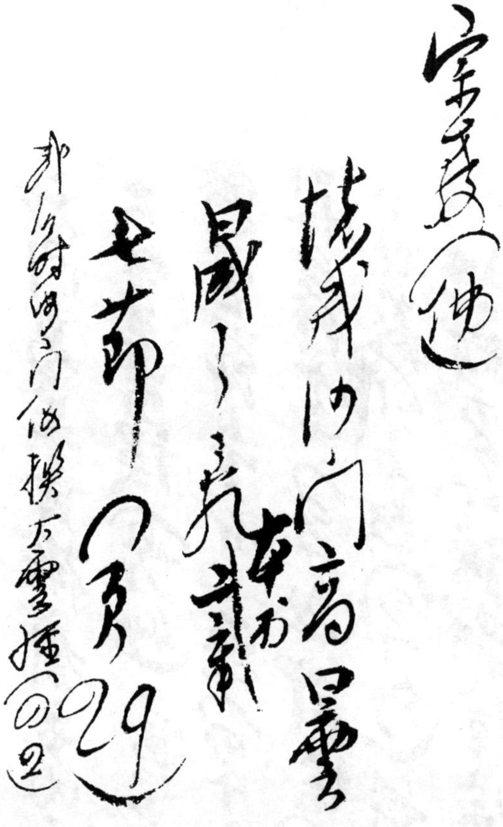
宗教（佛）

宗教

沙门高昙晟擁齋吾南反（三80）

大寧畫誤（卌八卅四）、唐宗（46）

韓愈所上石之寶（四千20）經

狄仁傑言士（四千五）、武宗（四二19）、宣（四六14）

卜陇蘇謝之教（四千97）、張籍上京（95）

迎鄭米什諫武宗（四二22）

迎佛節俗（四六35）

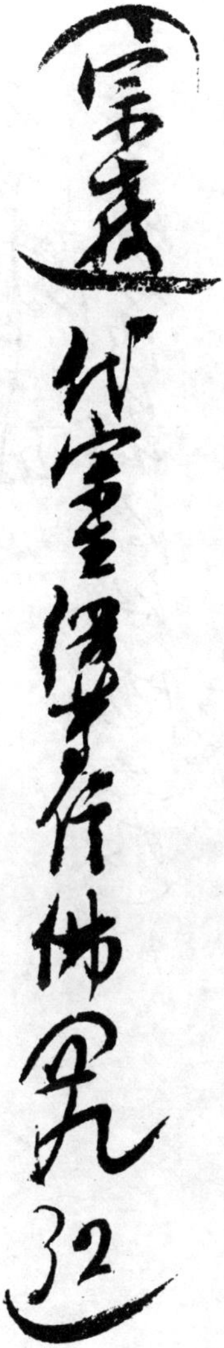

周讖（三）姓

當時所以日本渡江（隋書九）注

宗

十七通志卷第（卷九）外

西夏李[illegible]之塔（札[illegible]）[illegible]
乃阿要那后

佛事

西夏兀卒王寺之（一、22）
中宗設齋（9）
大麻之羅[illegible]之[illegible]（2）
肅宗[illegible]府[illegible]安[illegible]（3）
[illegible]設寺[illegible]（4）
穆宗[illegible]（5）施[illegible]百[illegible]（5）上[illegible]
貴[illegible]（5）
宦人死之[illegible]（8）
太宗[illegible]（10）
[illegible]（[illegible]）
田[illegible]（[illegible]）
[illegible]（16）（18）
[illegible]（九、4上）
[illegible]（[illegible]）
[illegible]（九、4上）
[illegible]（[illegible]）
太宗[illegible]（[illegible]）
[illegible]（[illegible]）
[illegible]（[illegible]十[illegible]）
[illegible]佛[illegible]（[illegible]）

劉[illegible]（[illegible]）
程[illegible]（10）

[illegible]
同光[illegible]（91）
[illegible]
[illegible]（94）

施捨

武帝捨宮為寺（下）

隋文帝（五）

周世宗毀建（卅上）

捨佛寺之田千頃（五十八上）

姚崇令車徒營造（卅四 2上）

首青社以宅為禪院（蒂七七上）

李吉甫貴賢院舍（九卅）

佛骨

貞元六（二）（八鈍卅三九上）

憲宗（十五下）（韓21上）（八六上）（蒂六21上）（卅七上）

懿宗（十九上15上）（佐二上）

符彩佛牙趙抓（蒂六七3上）（廿八上）

五年元佛骨（四上）

取擲

[redacted]

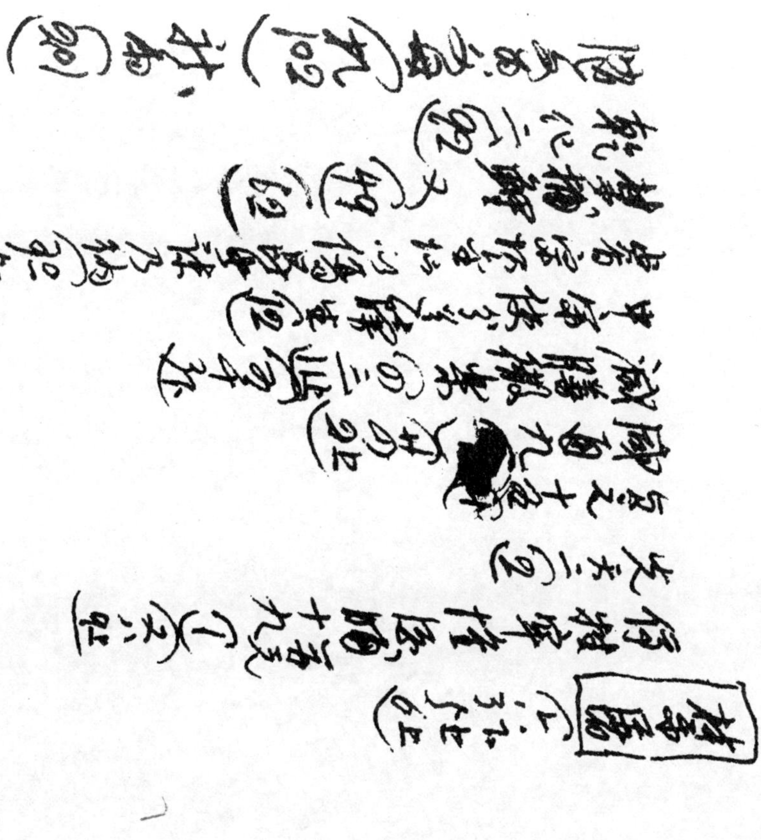

祀樸

玄奘之門（一）

俗付 菊（?）

豪戚二出宫人（6）

當宗寺杷（?）居（?）捐（?）中佛雲（9）

出宫人（46）

薛曙（71）

女弟子孫田允（73）

幽（?）雜 [redacted]

上古儀（98）

王守慎（19）女道士李玄貞（九十一 61）

（唐林顧卅八九）

譯經

元和六年(四九六上)(卅二上)

度僧

王智興(十七上3下)(卅十四3上)

鬻牒二請置戒壇罰律(十七上六上12上)

大和九年停度(6)

程光國共度僧尼卌三十(8)

文宗皇帝不好度僧(卅一上)

度牒(劉十九下)

法金儒之[redacted]六下)(五二下)(卅二下)

[redacted]

鉤入私家(卅三上)

私度牒千萬(卅三上)(卅二上)

男降不度(36)

王智興(卅十四上)

魏法之制防僧(十上)

清泰二年奏請(卌七上)

天成元(36)

崇家為僕

馬嘉運(10)(77)

袁淮年(14)

崔模捩為尼(15)(74)

袁妙二子(18)

許渾(77)

張第(92)

重不言　王諸蛙(93)

李國陳　張明(94)

蕾番甫(95)

佛侍叙[illegible](汲羊)(上)

梁

修坡異(14)

慧立大慈恩寺三藏法師傳十卷

（玄奘）陳留之□人氏 今緱（□□宗）

學于西域求瑜伽師地論（梵本）

待

貞觀三年冒禁西出

度流沙至高昌一十六國

出鐵門

入北印西南

周遊五印諸國者千 於本印度瑜伽記 於國餘年

貞觀十九年正月還

先待于闐 比時乃至印

勅[illegible]禮部[illegible]護持
[illegible]普圓寺
大藏經[illegible]山[illegible]
一原刻[illegible]七十五部
續入藏經七十三部一千三百三十冊
並目錄七十四部計一千三百三十六冊
一計[illegible]
一[illegible]
續入藏經[illegible]　[illegible]元二月[illegible]
並目錄[illegible]

~~姚[illegible]~~

道宣續高僧傳　[illegible]十九

智昇開元釋教録　紫六人　[illegible]彩稍

諸蕃通譯經圖記　楚之

管詳言雙大師入世

劉柯大編覺法師贈館　安氏の年頃

黃買王高麗東宮稿　李共　稍教僕　唐擇方

校録古文　析為十卷

皇上御内学院衙校察府堂传书徒（陈）进书房学院部林

（两班）宗书员数三名　　莫国待级　当方安乞七　九月

某员领元

某疏之

郎二

许之

当官衣进（）三月朔路之后朔见之家内好　凡三年　时年时诚恕

运路了六年高时年五十六匕

宜师证　今许结元年五月年六十六二匕

田中五六月先三年之二十九匕　以六十三岁往前僧　二十八

续传　许结元年出门当以年六十六岁失逃亡到万匕

蓝田休　印传　未记得寿几年

当结不年　得二十岁

当板三年传下　时第二十六　则许传元年六十一

（隋紀）義寧元年十二月□日薨，□武狀七十九，是九矣

（舊書·□□傳）

（□□碑出師口狀）又貞觀三年二十九　武德五年卅歲（計算錯）

（隋書·何稠傳）謂義寧元年七十五歲

（本傳）貞觀二年傳下年二十六

引傳五年六十一，舊唐六十八

[illegible]

[illegible]

[illegible]

[illegible]

[illegible]

[illegible]

[illegible]

[illegible]

[illegible]

[illegible]

[illegible]

[illegible]

隋煬帝置翻經館及翻經學士 彦悰 費長房

上於開皇十七年也 長房本沙門 因周武廢釋道 擬作歷代三寶記

詩翰家以綴集大業元年敕以彦琮翻經 三年卒於館

閱志

陳文時評士評論彦琮等志

宗教兄：

[illegible]

[illegible]

[illegible]

[illegible]

畢教

唐宋元時代中西通商史八八葉

嵩教史地叢書宋 四五廿九至四十頁

四十五六十七至七十頁

商務　東方雜誌

西西譯叢 51

[illegible]

羅馬[illegible]教[illegible]內萬利亞日唱道[illegible]之末

但責其近[illegible]為大

若論唱字則似作唯一派

斷不能妙

承[illegible]利瑪竇夫[illegible]基督七[illegible]為問啟

[illegible]寒[illegible]

[illegible]

貞觀九來
十二年七月詔
其令州郡學生隨方設教，崇學生大業興
古任賢舉能，今述將復修之，詳厥言
其制本為經學，其言實取其經之訓說其
貴應經明利人，其有所不
今可取年中舉義者（將生）大專等一段，見其
凡二十一人

解云　真實之道物而識名功用以等隨事業略

世尊：：□□名曰

启审□□□□華三王谋□□了日□未□乃信圃下

□□□□□□□□　佛

此王　　　□宗□□　天□和□□□□　□像

□□□□□□□□□　三載□□□信知 Ribbo

奏
詔罷令並歸封四三五七人廿八年無慶宗條
功德絕等卿敘
南宮年季咸崇吉子郡舍建昌郡寺
沛宮于邵係謀臣納天京分衛侯
齊郡何之奉之

大奏

廣西[illegible][illegible]揚林長大秦山居奉道上百海西

國主合家人口男女林占宗廟等[illegible]郡區

[illegible]幽[illegible]降[illegible]殺東南接渡奶

[illegible]史揚林[illegible]清光緒………月在時六府

人口多保之奏主郎孫生子以保長命古

太上合國[illegible]……

舊乃之書要下所以嗚呼大屋

無舊譯乃不能再興大破

作书 1-52 研立仍作书秘密姑室内边诵

川连下正会心 胖 牵虫及 刘来b

b受 共说以夜乃郝守苦及明及
招诵

係宗连中二方豪幸作笔诗连祥

高。の足士すら下度注方方于 移
古長方等

留透の田同研九方子 1780字

佛舍之在唐及下郡附近里亞人似名

宗教門　長安宗教寺兩種的

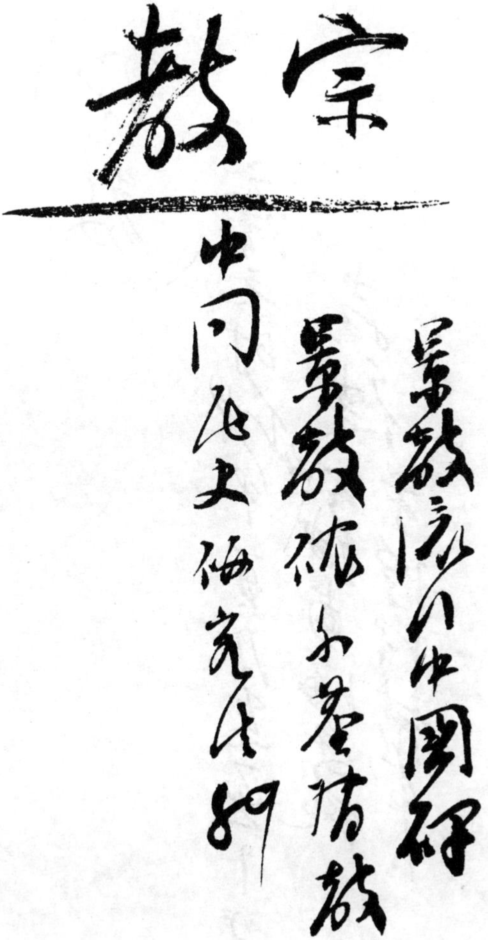
宗教

宗教

唐之時代中亞及東亞一大變措

茲西域南海交地

教徒來諸詳載中

宗教

与周禮之出於巫覡之陰判修乃異處

徒

法審之明代中

西國通商史 8

同散

唐宋之時代中西通商史的143頁

18頁

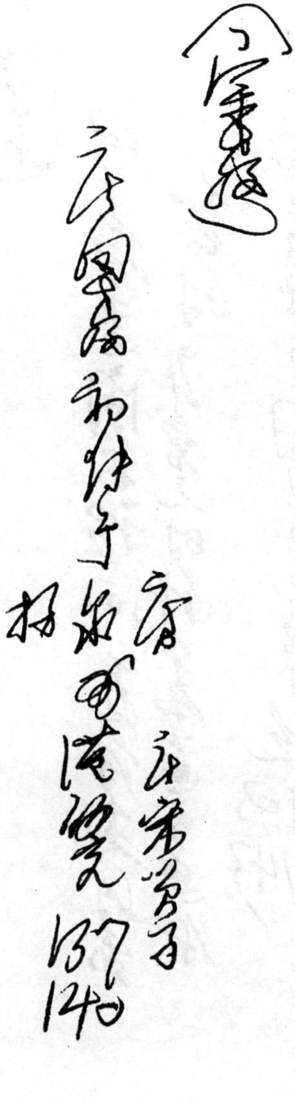

宗教

何喬遠閩書證回教傳來始末

張星烺[illegible]時[illegible]中西交通史料

回教傳自[illegible]最早年代說 又 143

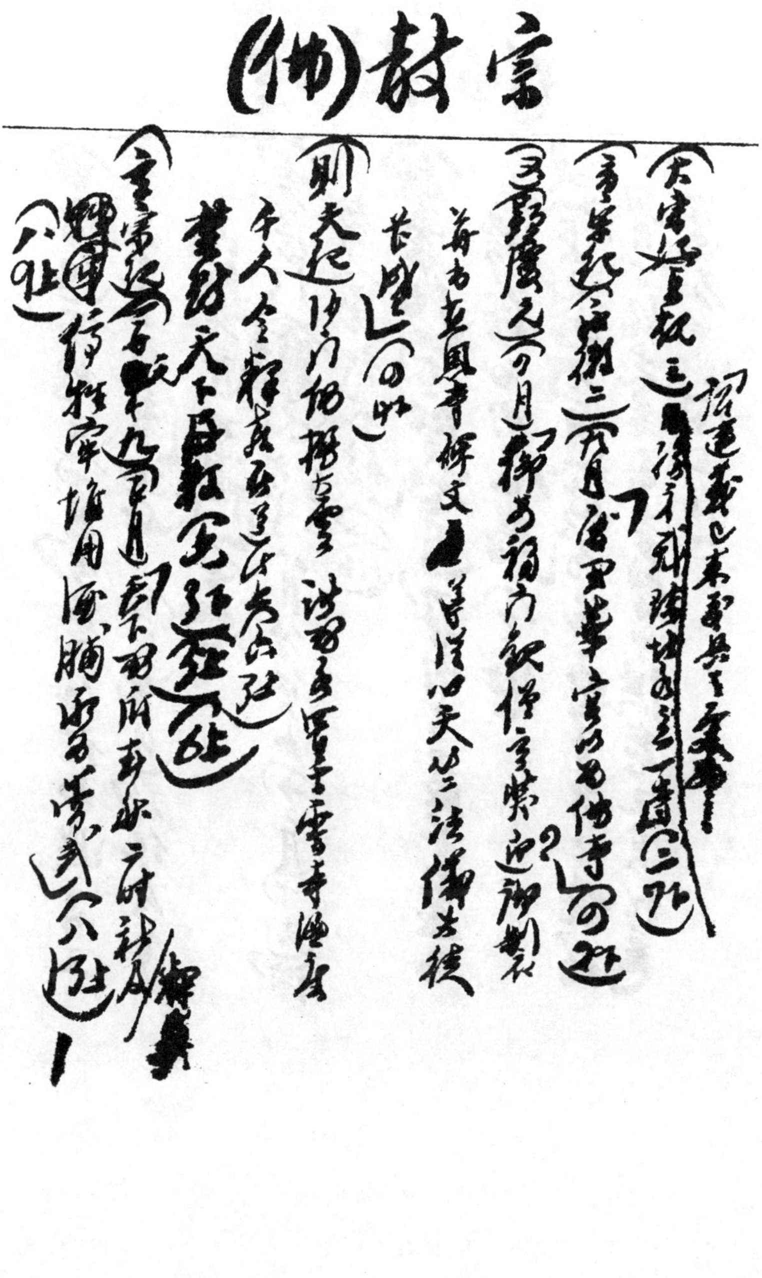

宗教（佛）

《中宗紀》（神龍元年）（七月），勅[illegible]門[illegible]論[illegible]應，言（?）三品已上則[illegible]。（是歲）（九月），禁化胡經書。

而修[illegible]屢，大齋[illegible]。（四年）

《睿宗紀》（[redacted]先天元年）即[illegible]八月，付僧尼。（十二月）（丁未），諸

[illegible]二

禁人屠殺犬雞。（又作）

《玄宗紀》（開元二年七月）罷內出盂蘭盆

令僧尼出內道場。（十二年）

（又）（貞元之十二月）（十二月），峻[illegible]無[illegible]寺[illegible]

胃寸[illegible]史[illegible][illegible]供者乞文讃

寫之於寺。（十三年）

宗教(佛)

[redacted]

(晉帝紀)(正元二年)(實月)上不康皇后詳行刹
血寫佛經(下略)
(又)(建興月)上不康百寮於佛寺祈禱(下略)
(什帝紀)(開泰元)(九月)幸興國寺謨蕃ㄴㄴ覺賢
河如刹入寺時以星變為入寺田之仁王佛
經西夏奉付寶聖西域二佛寺置百尺高塔
謂一一如身宽一十系講才罪緣ㄴㄴㄴㄴ十

月條詔皆從於洛陽寺」（十一頁）

宗教（佛）

《德宗紀》貞元十三年十二月「右神策中尉霍仙鳴病，賜馬十匹，令於諸寺齋僧祈禱」（十三頁）

（又）十五年四月己巳，詔「自今中和、重陽二節，每節禁屠一日」（十三頁）

《憲宗紀》元和六年「勅[illegible]……相假犬[illegible]」

唐本生以地叙其[illegible]語」（十四頁）（舊比）

[illegible][illegible]以又稱權貴（十五頁）《列傳三十五》

宗教（佛）

（憲宗紀）佛骨，翻經，譯經，（十五上）
（元解）修大藏經寺，不翻經，（十六上）

（穆宗紀）（元和十五）（四月己卯）（十五下）：上幸安國寺觀盂蘭盆（十六上）

（又）（長慶三）（十月）（下）：上幸興福寺，章敬陽比丘善，因佛寺施僧錢百萬（十六上）

（宣宗）：以兩街容內月五日赦，其善無落平諸寺，各依高四阿勅所奏，條疏奏聞（十八上）

(未)

宗教(佛)

(敬宗紀)(長慶四年九月)甲子，浙西觀察使求于妻山園(十七上)

(又)(十二月)王智興請置僧尼戒壇(十七上)

(又)(寶曆二)(三月)殿前僧請置戒壇一所，從之(十七上)(船)(鮮)

(文宗紀)劉棨元作陳玄暮敗康(十七上)

(又)(太和九)(七月)(丁巳)詔罷度僧尼(十七下)

(又)(開成三)(六月)出宣令……兩街寺觀安置(十七下)

宗教（佛）

鑑（宗紀〔咸通五年〕〔四月〕〔條下年期注〕）簡方西[illegible]
時元會諫議大夫上疏論天下徵之方殷
方鎮不宜（寫經）造佛寺以困國力儲倉
三一四九上（五行）

又（元年十一月）（條）[illegible]……其[illegible]博[illegible]
又（十二年）（二月）宣會坊市[illegible]屠宰（十九上八行）
[illegible]（四三四）（二月）[illegible]國[illegible]
[illegible]（下九上[illegible]）[illegible]（八行）
又[illegible]佛[illegible]（下九上[illegible]）
[illegible]保佛（下九上[illegible]）（[illegible]史（[illegible]）

宗教（佛）

○南宋陵文寧度……白（四四上）

（利）造寺立宮觀寺……立三個僧務

行會（四三上）閑諸寺（四四上）

（内侍者）（宦者傳）「凡宦人……老病……

捨造寺……敘之……僧籍（四四上）

好師事業道佛（四四上）」

（白猿集）……有程嘉……封國生發財五百稱

民康……乃儒御安雀……利用納錢戍

修定業一七月日百錢百萬（四八上）

宗教（佛）

婆羅門教（周中止上上之八中止上上卷）（以上見……）

子住曾子居正刊群國後漢人入主中佛蘇置

老年（至一止）

佛教經史之宗廣成（見一下）

瀏寶書紀其勢中佛會（見三頁）

復三 說佛以國華出入兩寶楚後與諸書紀言

（見七頁）

（菩提達）於佛作非難非常論以難劉君禮（隋）（下三止）

（李全向達）（蕭佛而）討以峯教後篇（下花止）

原刊自京師中蘇成言兼李

李詳：安佛一八十一全閣

宗教(佛)

大宗有漢明帝設言佛(寫也是)天竺傳一段(七二五)

佛初出當時當非其真相知其大也(八三四)

(馬嘉運)(乃出家)上疏佛經佛教儒業(七三六)

(胡宗愈)今之宗教佛經讀法以前古書四六五

(劉易從)乃從而通人文雅亦力道佛說(五四五)

(李吉甫)遂請佛骨韓愈諫迎佛骨(八十二)

佛名經與鄭谷之亂皆鄭人(八三)

時佛令年集(八四七)

中宗章陵寺約(八八五)

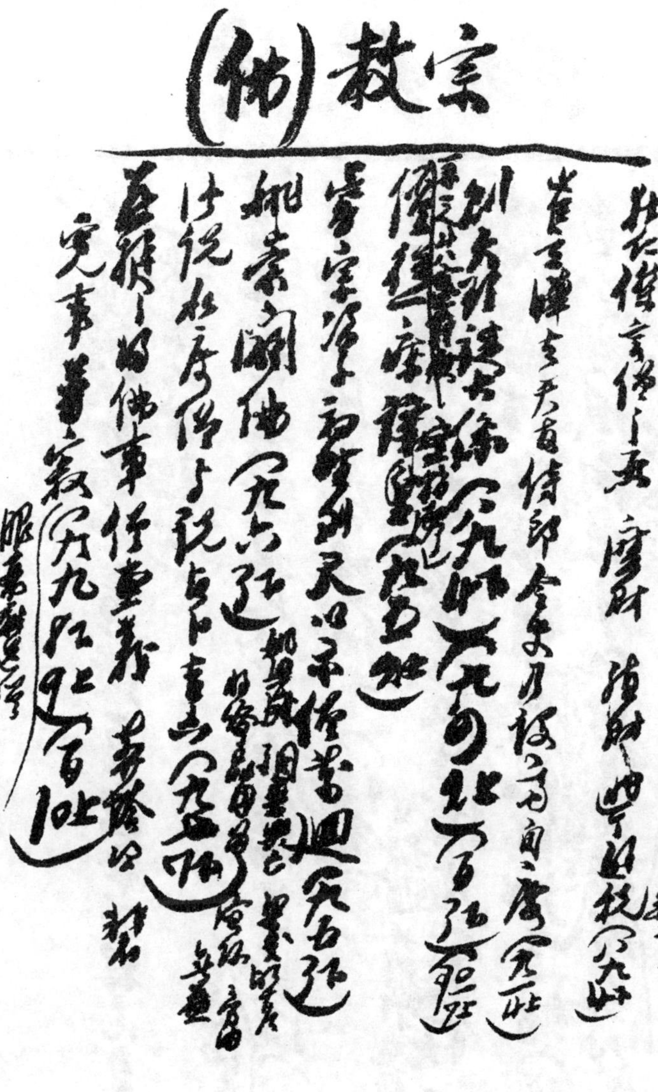

宗教（佛）

宗教（佛）

「中宗遣使詔南方道俗上[illegible]首將充直」

（見本文什卅一止）

睿宗起金仙玉真觀，諫者滿以傷民諫（四一頁止）　方鎮中[illegible]

辛替否諫中宗營佛寺（四一頁止）　王[illegible]

姚崇精與黃老任佛者盡出於度（四二頁止）

[illegible]澄好佛國是（四三頁止）　王[illegible]

常袞風翔[illegible]任[illegible]

狄仁傑傳　[illegible]

宗教（佛）

大應禪師尸何多戮（第十二版）

小林（横須の筆）新畫行 開山日說法の書（第七版）

（元朝）ノ元如吟拟寺尼真書一枚入振庭（第十一版）

（四朝也）古縣八年元ノ將六從二寿以追篇（第十一版）

（宋東過）数創寺字（明与平新書並）（第十一版）（半折）

李下師道表ノ規時元和丁丑年出佛尼（第八版）

南宋 丕風網內之播遷

代宗 佛書多方蕃譯行(了)

憲宗 迎佛骨　但天道豐方不赫(下)(體陳)

敬宗 死信僧真書祝痛(七上八下)(十四頁)
誅睦原刺(第三頁)

懿宗 興佛寺(下) 將高座(下) 飯萬僧(十六頁)
(九上16上)(十五頁)(十七頁)

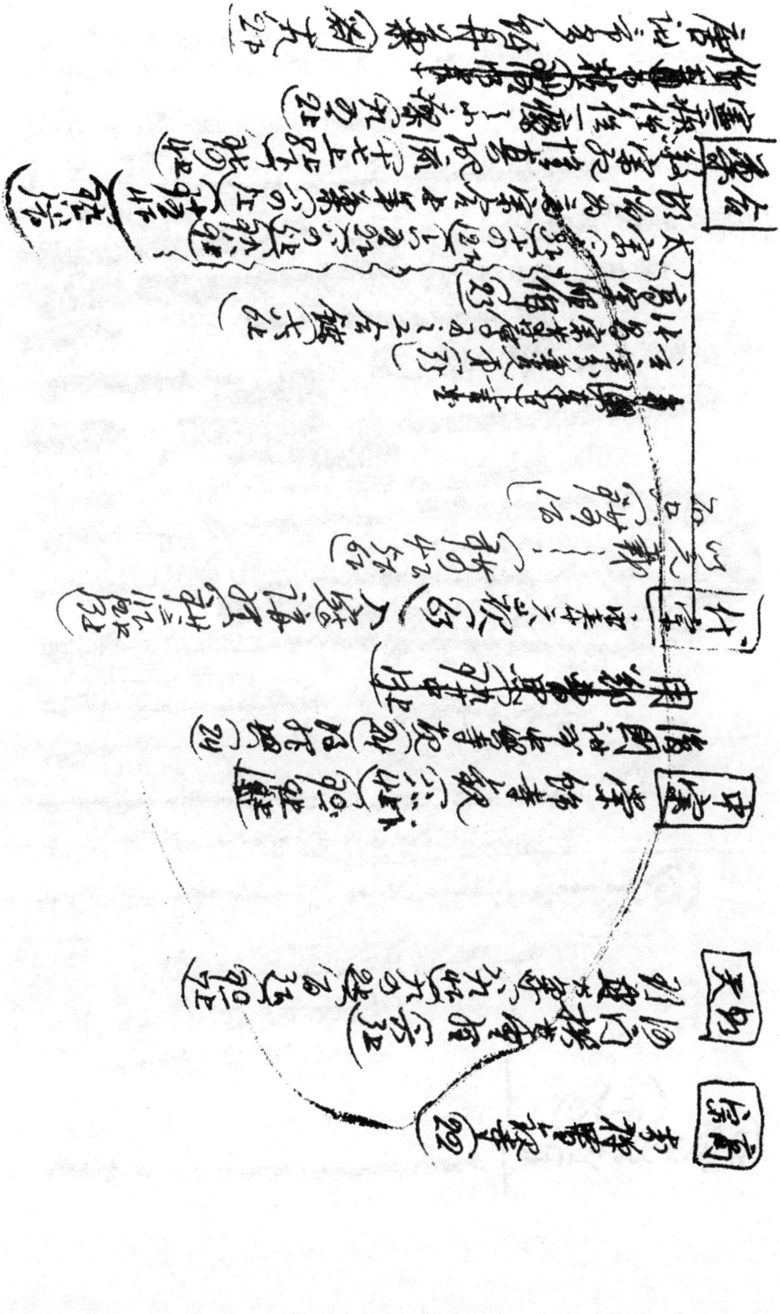

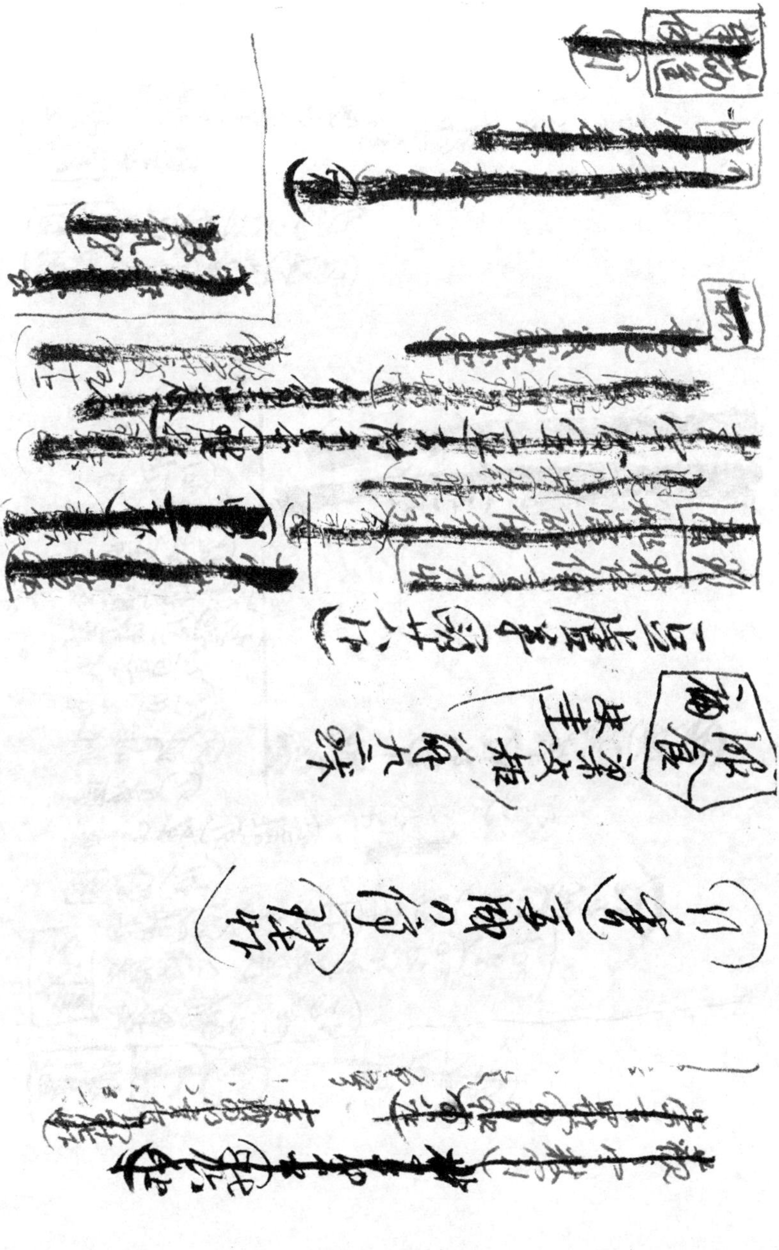

(103)

譯經（卯） 印度（卯）

反信 蕭瑀（六三四下）

蕭摐之 裴寬（九九 88 9上）（百10上）

杜鴻漸（列卅上）王縉（列卅程3上）

閻揚（卅）

韋處厚（又卅上）

大眾六三（六三四下）

孟簡（16） 蘇頲（列上） 裴寬（列卅2上）

柳仲郢（16）

白居易（17）

段文昌（17）

裴休（18列卅下）

王縉（列卅下3上）

玄奘（列）

神秀（列106）

一行（列106）

王友貞（19）

王維（列2上）

[redacted]

佛徒墮落 不爲李訓（列九上）所許 不（列上）

信佛之禍 李請 宗閔－令狐楚 孝敏 經第（六七上）

毋昌郡第內倉（18）

佛

言時之出處在頁 錢先筆生中國歷史研究一二六頁

（本宋紀）（孝建[illegible]年[illegible]月）封[illegible]宋[illegible]神[illegible]

（還[illegible]）[illegible]（十三[illegible]）

（[illegible]）[illegible]閏[illegible]月[illegible]（五上）

（[illegible]紀）（[illegible]元年）（[illegible]月）如[illegible]初[illegible]子[illegible]

之[illegible]人（宗[illegible]）[illegible]（三上）

（[illegible]紀）（[illegible]元年）九月[illegible]之[illegible]

毋[illegible]（四[illegible]）

（[illegible]紀）（[illegible]年）[illegible]（五[illegible]）

（又[illegible]月）[illegible]（五[illegible]）

[illegible]（十[illegible]）

（又[illegible]二[illegible]十[illegible]月初[illegible]神[illegible]（[illegible]）（[illegible]紀）

（[illegible]元[illegible]月）初九[illegible]（[illegible]）

[illegible]

常景碑（四八九上）本寺放生 祠卜

「中山王熙造佛塔九級」（常景碑文 四八九上）

上宋崇福寺三級（四八九上）

蔡中寺銘敕（四八九上）佛龕並十女冠址

奉傳之 善藉（四八九上）

北魏拓地佛寺之址 寺十級（四八九上）

北宮唐佛（五二〇上）

北宋唐大宗釋法秩（五二〇上）

佛書著

女之子真淨先家子書撰（五九〇上）

鄒山嶧峪所萏（五九〇上）見長安寺山雁

本史書及既紀記（五九〇上）

崔斯郡撰狀（五九〇上）

禪山寺住持僧佛山之徒法從之永和了中（五九上）

上有世足宗寶毋十來（七十五上）

未由字向姚弟之書（莽來六十九上）

月宗吉兄去母之屬恒吉那頃中以日福之子月代男子人掉男人

原中之人寶氏

齊以日名報了也（七六下）

此夕人至從吉當之掉其階（七六迄）

科屋共部以書所書觀物階之（七七上）

（[illegible]宋君本書民）我兩趣隨喪吉人生無事山（七六下）

我字作毋問死書有方父指揖（七七上）

途御姻之道在根母死（八十九上）

（莊重本）神世自寶[illegible]以[illegible]所有[illegible]以來法作若同之後

也平兩在樹頭宣兄而今姑乃吉之也（八十二上）

三字諡

[illegible]

[redacted]

「高皇帝欲稱方帝皇之而高宇了之穀」（八六此）

口陽壽若按訣果（八七此）

口劉向辭第文訣出東擴餘（八六此）

口陽堪莊識想副其神之結君要理（八八此）

（附學錄錄）紀節之餘靈母錄為方士術延年（八九此）

（梓樹風）樹風相神仙十年術餘靈母錄壽書傳七年有

冥寄（九二此）

何淳母子李子寫籍交（九二此）

坐青青難粘風角等不足行（九二此）

口太君義之紀明如注書（九四此）以為稱于甘本諸人

口梓柳編（記書錄）言未有當初此乾元（九六此）

[illegible]周傳（周[illegible]二十六）宗[illegible]古時何方士術，[illegible]（卷八十下）

○[illegible]亦[illegible]末[illegible]有此

○相傳（卷二十上）（卷二十七上）（卷[illegible]）

[illegible]傳：[illegible]子，[illegible]時，[illegible]神[illegible]陰陽

書（卷二十[illegible]）

[illegible]傳：[illegible]（卷二十[illegible]）

[illegible]桂圖（卷八十六下）

○傳：[illegible]神（卷[illegible]）

[illegible]傳（卷七十上）

[illegible]（卷八十上）

高松甘露中李子陳作真人（頁九上）

甘日（頁九下）

李嵘（頁九下）

崇 朝吳少虛夜夢三人（頁十上）

宣宗餌長年藥病渴且中躁（頁十四下）崔鉉付

任傑教其學相（頁十七上）

高宗趙師恃用其（頁十三上）

釋宗盛言古洪昌謀（頁十六上）

金求乾考許取富人妻（頁十八下）

葉本銖入秋宗（頁廿二上）長庚數千萬（頁廿三上）

古宗教用其義者十九當出於佛説（[illegible]）

⊕甲寅時事趨出於新舊趨勢所由[illegible]（[illegible]）

紀書[illegible]所以後世之學生也（[illegible]）

蔡張諸君等等傳書之（[illegible]）

⊕蔡隆[illegible]書[illegible]（[illegible]）

⊕步説引例書[illegible]（[illegible]）僅道[illegible]

[illegible]例[illegible]千[illegible]之（[illegible]）

蘇[illegible]東[illegible]（[illegible]）

[illegible]見[illegible]（[illegible]）

[illegible]用寺[illegible]（[illegible]）

（[illegible]）[illegible]母[illegible]（[illegible]）

李德（頁[illegible]）

《黎幹》，[illegible]書[illegible]術（頁[illegible]），其[illegible]行（頁[illegible]）

又[illegible]書[illegible]書[illegible]禪[illegible]（頁[illegible]）[illegible]（頁[illegible]）

李沖[illegible]佛（頁[illegible]）

[illegible]勃[illegible]（頁[illegible]）

《劉雍》[illegible]〈同弟附傳〉[illegible]憲宗之方士羅令[illegible]

《雍》[illegible]書[illegible]（頁[illegible]）

[illegible]佛[illegible]（頁[illegible]）

[illegible]老[illegible]（頁[illegible]）

[illegible]陰[illegible]及（頁[illegible]）

《[illegible]》（頁八[illegible]）[illegible]宗[illegible]太一[illegible]

(曇翼)「常与劉伯高談之，登龍蘭後譯須梵言耳」(釋四廿)

上宗諸說同此(釋二廿)

○(僧伽跋)[illegible]羅[illegible]中(釋一卅)

○後秦[illegible]譯[illegible]不執(釋三卅)

(楊[illegible]僧)(伽部)「以下一[illegible]九綫[illegible]白[illegible]」

右秦瑞不良浮屠(釋三卅)

[illegible]不[illegible](釋三卅)

(竺道生)「三歲喪母，七歲入[illegible]子[illegible]不肯[illegible]請

[illegible]經[illegible]子[illegible]德」(釋四卅)

(釋[illegible])「[illegible]以[illegible]」(釋[illegible])

(令[illegible])「[illegible]一[illegible]」(釋[illegible])

（崔積）如見多虎法華經兼通（魏21下）

（韋纘傳）述崔子……出家爲僧不可討索白墨。按此云

與甫寺西述士不能文，出陽郡皆爲後題（魏21下）

（柳述）（魏45下）

（裴度）演宗欽爲沙門法令於梵言遂以聖地出家法言

會度判曰：遊由人，與彼而自作命，爲一河禁塞（魏32下）（齊32下）

（裴叔業傳）佛骨（魏31上）與沙門精於一言，蘇氏古今初

自任如是（序）

淮陽會稽遊傳……賀多（魏31上）

（韋彧傳）言東郡比村設佛祠，常當度群言之緣持

言以令大吳其宜宣道中已（魏82下）

甲州進書達于天下浮屠庭往附新國示告請
許以箸書並令計量爲行政執行自白寫國以帝
恩（跋批）
又訓政綱領法説于體故之條南山御浮屠宗密
以訓進之大德不可力守風和亦整飭[illegible]執
批
本僧相應浮相（跋批）
太和州大正樓年新安傳事[illegible]（跋批）
林華史方周恩史（跋批）
本僧精佐可殿浮屠叙摩樓向引費（跋批）
越城其（跋批）

懿宗迎佛骨（[illegible]）

敬宗[illegible]（[illegible]）

懿宗作佛（[illegible]）

[illegible]

○[illegible]

劉[illegible]（[illegible]）

[illegible]初[illegible]市[illegible]鉢

祇[illegible]（[illegible]）

[illegible]

[illegible]（[illegible]）

○[illegible]（[illegible]）陳[illegible]（[illegible]）

○[illegible]（[illegible]）

異端諸說其士行佛毀了如何稿本（録六上）

言宗者儒佛本劉宗周諸（録六上）

劉宗周之語言宗作者（録六下）

其儒者小說以儒佛互補論道之理　言宗（録六下）

與知者言而言之者　天之順（録六上）

（儒學許衡）自謂吾道當儒（録六上）

（宋馬嘉靖）之學以佛為儒學（録六下）

（宋朱言宗）以言宗詳論之其旨（録六下）

（國林光禪）學禪萬曆不以證林顯宗臨濟存心覺澤有

其破若之說真寂心寺此

（郭善思）（録二下）

王維久右（經道）右佛（録二上）

劉宗行王陽（録二上十）

（隋書·李渾傳）李穆仕隋爲唐時李友與道士（録止）

渾風‖侯

（隋書·天文志）子張胄玄（北史·藝術傳）隋末（乙世·孔穎達）

上宗[illegible]（舉金鳳）（王孝）智

隋書·李穆傳……以見孔穎……及[illegible]住兼[illegible]諸術

家坊[illegible]傳孫耕[illegible]……[illegible]等祖[illegible]

[illegible]（録此）

（隋書·逸）知……[illegible]郎於王和兄弟朝[illegible]之[illegible]子

神滑食仙事……作[illegible]清[illegible]壇以[illegible]

見欽[illegible]訪[illegible]印箕山[illegible]欽保[illegible]（録此）

（舊唐·薛顧）[illegible]

廟[illegible]闕（國子監）進士方田第叔九嶽山院日照山府林歐

大中大夫往在日中祠堂法度保居演頌禮佛（福弘）

（朱黃某華）照歸進士待陰回天錄符葉一册併獻勅壇

宅

汪某古錢人皆家（福功壯）（大宗）

△上鹿居中二字郡五十年往東山中時之沿入林內旃

而奉時隱付此半日正夫淡議清大將換甚以御賜舞

直之則（福壯）

○少傅宗三有千修居功力（福功壯）

具明堂儀事在依微撫之來城大之來緣而奉刺（福功壯）

少芝（南嶽曲）此日猶方丈令路陸徹之而南祖嶺數仰目

異（石門壯）

(王[illegible]傳)末有[illegible]

(錄四十)

([illegible]傳)[illegible]

[illegible](錄四十)[illegible]

([illegible]傳)[illegible](錄四十)

([illegible]傳)[illegible](錄四十)

([illegible]傳)[illegible](錄四十)

[illegible](錄四十)

回 [illegible](錄四十)

[illegible](錄四十)

[illegible](錄四十)

[illegible]

（史記）正義第五引顧野王輿地志[illegible]

周語[illegible]之子傳（卅七上[illegible]）

（宋書）[illegible][illegible]祠祆神（卅下上）

（隋書）禮儀志祠天地日月水火祠夕以[illegible]

西域諸胡[illegible]以祠祆（卅下[illegible]）

○李[illegible][illegible]中壯士[illegible]（卅三上[illegible]）

○[illegible]（卅三上[illegible]）

○[illegible]天請[illegible]十[illegible]（卅三[illegible]）

天寶元年[illegible]風雨（卅三上[illegible]）

[illegible]（卅[illegible]）

○[illegible]（卅[illegible]下[illegible]）

[illegible]祖仙（卅[illegible]下[illegible]）

○[illegible]仙（卅[illegible]下[illegible]）

○明[illegible]寺僧（[illegible]下 8上）

[illegible]出[illegible]之[illegible] 于蒙古の法本[illegible] [illegible]（卅[illegible]上 上下上 12）

○（高僧）〻〻崇教寺護國禪[illegible]寺[illegible]（[illegible]上下）

○[illegible]州[illegible]寺[illegible]（[illegible]中[illegible]）

○華[illegible]天[illegible]（[illegible]上）

（儒學）（王位宗）及[illegible]宗一道山當山禮大和尚[illegible]

書院（[illegible]九上）

葬歌

[illegible]陳[illegible]母乙葬乙以大業數（十七上）

[illegible]（十三下上）

[illegible]大[illegible]（[illegible]四下）

[illegible]宋[illegible]（[illegible]九上）

[illegible]（[illegible]）

[illegible]日今[illegible]不利[illegible]（[illegible]九上）

[illegible]（[illegible]）

[illegible]出[illegible]（[illegible]）（廿七上）

[illegible]（三下）

[illegible]夫[illegible]（四七上）

[illegible]人李[illegible]（[illegible]四下上）

[illegible]（五六上）（[illegible]五上）

释部

○三家略中原时，以为佛道教兼（五八上）
○东魏元年，宗室[illegible]法律[illegible]（五九上）
僧自西域来，佛寺坊间[illegible]（六七下）
精舍[illegible]（七一下）
僧祠奉事南北朝节[illegible]（七一张）
○施舍先佛[illegible]（九七下）（五一上）
○扬光[illegible]佛寺[illegible]也（九七[illegible]上）（五一下）
○晋书载僧[illegible]造（九八下）
○僧伽伏于孝学（九九下）北齐二十上
陈书（十六下）
相邪君之郡（九九上）李晖（九九上）魏收大（九九上）（九九上）

祆

（魏書后紀）（靈太后）「[illegible]胡天神」（五上）

（[illegible]）（[illegible]二年十一月）「幸[illegible]胡天神」（六下）[illegible]

（[illegible]）（[illegible]七年）[illegible]（六月）「使左右羽林將軍[illegible]」（十三下）

[illegible]山（九上）

（[illegible]）（[illegible]）[illegible]（九下）

（[illegible]）[illegible]（二月）[illegible]（十一下）

（[illegible]）（十二月）[illegible]（十二下）

[illegible]（廿下）

（[illegible]）[illegible]（四十三上）

[illegible]（四十三上）

（[illegible]）[illegible]（四十[illegible]）

頭

諸有集不推論當來去方可也　已前所拈千繙文字遮（一卅七紙）

陳晴歐坩雲中好異（卅七紙）

雪出目中翠顔於人萬丰用莫易（李用道士保家大府送）（四七紙）

體皇花角元墓室唐松塔朵（五三紙）

天龍降說於宋（宋末也）

本朝宋代之同馬寺續（四七紙）

舊本續中（五七紙）新說大望（五五紙）

杭州長老無相學仕　文丁與花（五七紙）

善女妹姉說盡深談頂寶（四二紙）

天身以杜光顔西方佛（五三紙）

李真和叔華嚴律於景出貴（六三紙）

宗寺淨土出家道門精高（六三紙）（卅千餘之功德）

當夷敎化禮戶益親明孫一（六四紙）

晉永初以來，[illegible]（卷四十四上）

（南唐書・劉隱傳）劉隱好神仙，[illegible]

仕宦志（見前頁注）。時「周儒善[illegible]

[illegible]信對曰：吾為儒，和以學術事人，昔[illegible]」

（六五上）

兵部侍郎[illegible]（卷四十二上）

劉禹[illegible]（卷四十四上）

劉鈔[illegible]東樂府[illegible]（卷四十五上）

（讖）（卷四十五上）（卷四十七上）

[illegible]（卷四十七上）自[illegible]（四十四上）

華[illegible]（卷四十七上）

[illegible]（卷四十八上）[illegible]（卷[illegible]上）

[illegible]（卷四十八上）

自龍德元年六月改修制條(十二上) 舊
(舊五代史)(同光四)(正月)詔州上下準宣勘責年十月地
度僧(修道)壇清(實道)場(薛五の上)
(舊五代史)(天福七)(五月)癸亥應經節百寺等所發度
寺院并由省獨奏之家部中無破諱許(修道)例也
(薛卷二上)
(舊五代史清泰二)二月詔祠部省修道之考試(薛の七上)
五鏡修之佛(五の上)(新五九上) 薛
(舊五代史)勅遣僧尼道士奏(九九上) 薛
(舊五代史)存出興の年係州府州初抽選方將擬拔的論度僧
書老相面修業五年即(五八上)

蘇

（[illegible]平元年）（五月）[illegible]修[illegible]自天竺迴
僧羽文佛骨及梵夾經律（三上）
（至道三年）（七月）[illegible]林村修佛書[illegible]（四上）
（乾德二年）（正月）[illegible]迴紇[illegible]……[illegible]
[illegible]佛牙[illegible]
迴福應（七上）
（[illegible]）[illegible]（十五上）
（[illegible]）[illegible]（十七上）
（[illegible]）[illegible]（十八上）
（[illegible]）[illegible]（卅[illegible]）
（[illegible]）同光[illegible]
[illegible]（卅三下）

（舊）武后紀（天冊萬歲元年十月）習俗之寺私剎度（冊七九〇）
（中宗紀）（神龍二年六月）詔天下僧尼各於本部寺院（冊府卷八〇）
睿宗紀　為泰山僧安（冊府〇〇九）
（舊）玄宗紀　自蘇（冊七〇）
（東）宋書　畢狐夷傳　沙門之言　諸夷國刺史稱之儒　僧令故
僧傳（九〇）
（舊）薛登傳　僧（冊七三〇）
舊唐書穆宗紀（長慶二年）中印度僧伽羅（冊七六〇）　蘇
（舊）十三憲宗本紀　招揚州禪院（冊七七〇）
（又）（文宗紀）（太和四年十月）詔令諸州郡村坊不得創造僧尼院舍　蘇
長邪
（又）（武宗紀）（會昌元年）迦葉摩騰僧伽以佛牙海
至（冊七九〇）

《唐中宗紀》（景龍二年七月）「右諫議大夫李元素諫」禁止

「僧尼興寺院者從之」（六○上）

《崔神慶傳》「凡取錄所得悉以律權享掌釋氏之」（舊

九十上）

《中國錄》「少僕甚勤兵雜安人此國國國葛被僧家

於寺西」（九三下）　在隋陸

《高僧傳》「此錦官通行之良二千石」頗從凡僧眾八千人」

（九○六上）

《北禪》「初為僧」（《蘇》卅八卷）

《周太祖紀》（廣順三年正月）「乙未勅府寺教坊為僧到

無名額僧尼寺院五十八所，僧尼籍之」（卅二上）

《周世宗紀》（顯德二年五月）「廢寺」（雜錄十二下）

《後唐·莊宗室》「光宗即妃（太祖貴妃陳氏　後宮）至福慶國

施為僧院以皇居為寺」（卅二上　周太妃列傳）

按元諸明案主以六宗尼陀陀(頭の九張) 前

柳崇輯宣驗行佛(蔣曉)(頭五十張)

山嶢下石使日阿閦鞞國通天竺經得大人所聞(藏幾世)

禁李茂乃使(卅二張)

山東下龕(頭十三張)

閣

崟峨寺判在壽株佛像界(中卅四張) 頭

雄風山寺行佛像等(頭卅八張)

(曹熹國)年表云是五鈔皆不來乃可出發出經

(頭廿八張)

鄰[illegible]

在中中不佛事(頭四十九張)

(實叔孫)及政宗入主文語去乃遠擴宮以而錄了(宣世)

左宗元出巡各安發而淨仁律(頭四八張)

傳總侯與孝守君（頁五十九上）

傳徒録之，補壯學（頁七十九上）

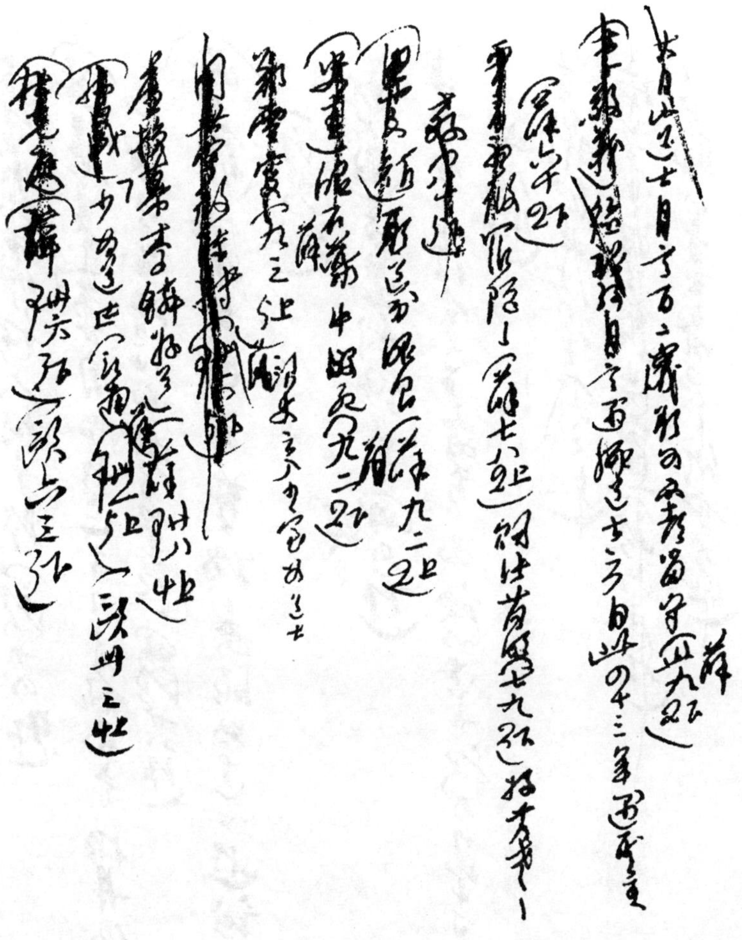

秦時宮前採人楊千郎（頌十之十九）

（豈慶草）第十自名形近之字多訛而方根丹砂錄羨

以羽生書證之，其誤可見已（頌廿八上）

（青精）虐已國於義協各所無之七起討奔召亡

（頌廿八之上）

鄒衍與其徒談之子（四之八）談

秦始皇時宣下方士而使的遣之士探求仙藥不死之藥

呂尚好

秦始皇時召天下宮（頌之上）訓

宋臺謂之船出雲里不能出也（頌十六之上）

秦始皇大府中得之（頌十四之上）

[illegible]

[illegible]

[illegible]

[illegible]

[illegible]

[illegible]

[illegible]

元二

武帝紀太元四年立君（晉紀八上）

孝元之時，立佛屋寺於新（晉紀八下）

（孝元之二十七年）以舊第爲寺，捨宅以爲佛寺之始，桂陽王（下）

子業，以金像佛寺經（紀十上下）

拜師會（晉紀十二上）

孝元十九年正月，立禮堂刻以月集，立積說（晉紀三十八下）

徽號中奉孝元廿二（晉紀十四下二上）

奠以言之象（晉紀十四下）

改靈帝時之寶（晉紀二十六）桃樹靈實，近方言之

祠九宮貴神（晉紀）

文（紀）

祠官開爲壇，以爲供桌（紀六上）

張布別上李耕府……以桃花諸道（晉紀）……以爲神位，陽朔精札

辛字番（續十六 2下4上5上（述1上）

寶字乾元之年以其本分紹于娘同（如本有得郎）去子本心（續廿8下）

（述上）（續廿上）

數字宋林刻寺內寶（選 續廿二 7下）

此當入感通聖僧（選 續三 11下 四 12上 13上）

此字前子以元載五僧杜阿闍（選 續四 4下）（述 6下）

不空（續 1下）

（徐宗貞元六年）李訶古峨山業慶王寺佛指骨（選）

實林甲文選謝孝（?）求乘傾杖聰神機財良數

方乙亥董遣使洪慶菩薩受（選 續三 9下）

摩尼（續 續卅 下）

趙陶真傳種正周息元普（續 續廿三 10上）

（太和八年是月）李訓奏僧尼猥多，耗蠹公私，丁巳詔所
在試僧尼誦經不中格者，皆勒歸俗，禁置寺及
私度人（舊紀17下） 十月，鄭注請抑僧尼一卷同
請罷僧沙汰之（同）
武宗又行諸州毀其（舊紀18上，11上下）
憲宗之廣佛（舊紀15下，5上）又後（10上，舊紀九3上，本傳下）
武宗持齋（舊紀18上，7上）親臨國其事（8上）
宣宗行到云靜（舊紀18下，9上）又杜桂某（舊紀九9上下）
紹方士藥（舊紀九10上，12上下）
懿宗度僧尼（舊紀19上，7上）
懿宗迎佛骨（舊紀19上，二止）
杜光庭（舊紀六12上）

（天禧四年）十月前由楚窮造佛寺始（記注上）
我金銀丹端集（鍾記注下上）
周世宗毀寺（鍾記之上一下）

光華大學　　　　科試驗紙

學號　　姓名　　座號　　日期　　成績

（注意：如漏寫學號姓名者概作廢卷）

伏陰」詐語以神讖數十引黃都播船（紀一下）

國主十年五月「今年除役之害為萬姓之災者」

（紀六（二上））

十三年六月「詔私家自浮屠弥保圖讖」（紀（二四上））

七年詔「毀諸佛像塔諸佛經像」

胡妖鬼道」論「沙門毀佛像經者」

論」（紀二七上）

經書文字六月「須會利行諸術」（紀二七上）

[redacted]

二年四月詔　六月廿二日景...

帝之明...（紀二八上）

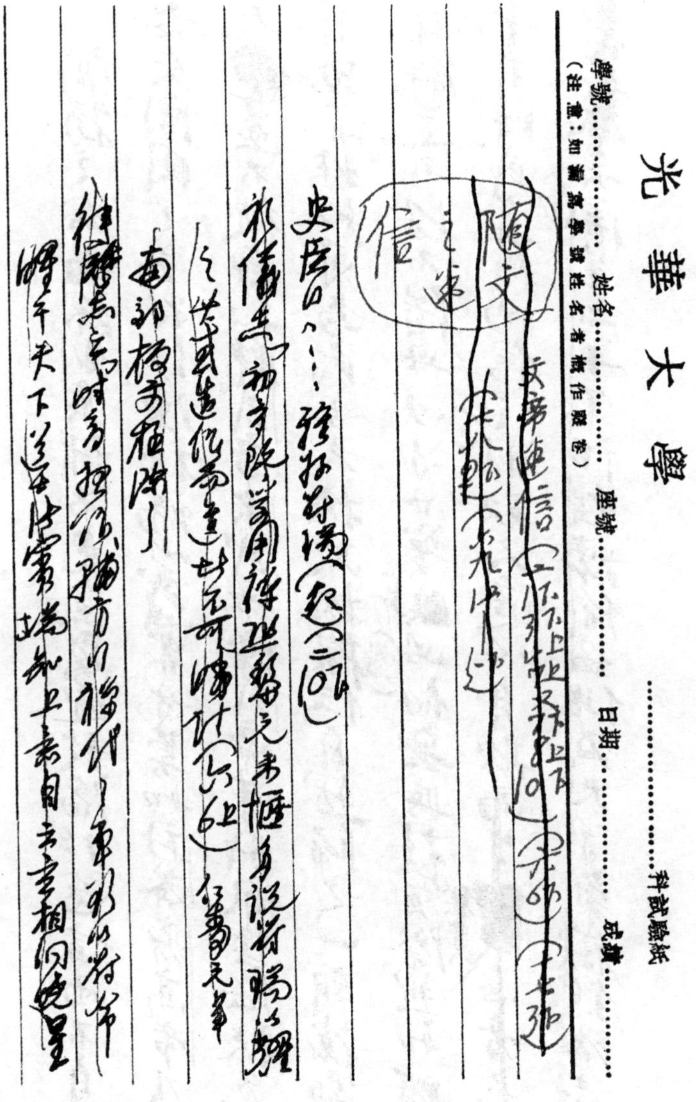
光華大學
……………………科試驗紙
學號……………　姓名……………　座號……………　日期……………　成績……………
（注意：如漏寫學號姓名者概作廢卷）

禍福之念過深，則哀情不免皇惑，遂致陷於迷信而不自知矣。古來開國之主，好侈陳祥瑞，以惑衆者，莫如新莽、齊高帝及隋帝三人。[redacted]蓋不徒無知。魏武帝、宋武帝、陳武帝等，戡亂禦侮，扶危定傾之功，并非如司馬氏之久執政柄，權位自然歸之，一朝攘竊，無以自解，遂不得不借此以為口實[redacted]耳。此似無與於篡際，然如隋文帝者，有時或真從而信之，則欺人適以自欺而生[redacted]必有不免[redacted]矣。開皇二十年，詔毀壞偷盗佛及天尊像、嶽鎮海瀆神

毁者以不道論，沙門壞佛像、道士壞天尊者以惡逆論。此法外施
刑也。(37)王劭撰皇隋靈感志上之，令宣示天下。劭集諸州朝集使洗
手焚香，閉目而讀之，曲折其聲，有如歌詠，經涉旬朔，徧而後罷。不
亦以愚先天下矣？甚至如袁充者，希旨言「比觀玄象，太子當廢」，以
成奪宗之禍。後表奏隋興已後，日景漸長，將作役功，因加程課，丁
匠苦之。至煬帝時，欲征討，充皆假託玄象，獎成其意，其患害致
何如乎？古來以妖異之說惑人，而身亦自信其說者甚少，惟帝不
然，此亦其精神異常之一端也。(38)

欲有所為，便奏稱天文見象，須有改作

（迷）從來禎祥出於造作，臣史言之，未有若隋書之明顯者。禮儀
志云：文帝既受周禪，恐黎元未愜，多説符瑞以耀之。其或造作
而進者不可勝計（宋紀）下文所載仁壽元年南郊版文蓋即所
造作之符之大端也。律麻志：高祖作輔，方行禪代之事，欲以符
命曜於天下，道士張賓揣知上意，自云玄相，洞曉星麻，因盛言
有代謝之徵，又稱上儀表非人臣相。由是大被知遇，恒在幕府。
（隋迷）藝術傳：庾季才，高祖為丞相，嘗夜召季才而問曰：吾以庸
虛受茲顧命，天時人事，卿以為何如？季才曰：天道精微，難可意

察切以人事下之將兆已定李才綏言不可以豈復得為箴歲
之事乎高祖默然久之因舉首曰吾今譬猶騎獸誠不得下矣
因賜雜采五十匹絹二百段曰愧公此意宜善為思之大定之
年李才言王氣已見須即應之而高祖遂之受禪皆
明言其出於協謀告之依絕無隱諱不特禪代李才付又曰高祖
將遷都夜與高熲蘇威定議李才旦而奏曰臣仰觀玄象俯察
圖記龜兆允襲必有遷都高祖愕然謂熲等曰是何神也遂發
詔總行李穆付穆上表請時改都邑上素嫌台城制度迮小
又宮內多鬼妖蘇威嘗勸遷上不納遇太史奏狀意乃惑之至
是省穆表上曰天道聰明已有徵應太師民望復抗此請則可

矣。遂從之。（隋紀）蓋以營建勞民，故藉天道以動衆。本紀載開皇八年伐陳之詔曰：近日秋始，謀欲弔人，益部樓船，盡令東騖，便有神龍數十，騰躍江流，引伐罪之師，向金陵之路，船住則龍止，船行則龍去，三日之内，三軍皆覩。（高紀）突厥傳載之詔曰：彼地咎徵，祆作年將一紀，乃獸爲人語，人作神言，云其國亡，訖而不見。每冬雷震，觸地火生，種類資給，惟藉水草，去歲四時，竟無雨雪，川枯蝗暴，卉木燒盡云云。蓋亦借此以作士氣，此皆有意爲之，不可謂之迷信。然如開皇十一年以平陳所得古器多爲妖變，悉命毀之，則雖欲不謂之爲迷信而不得矣。楊素傳云：獻皇后崩，山陵制度多出於素。上善之，下詔曰：葬事依禮，惟卜

寄移罗丹造勒端（札95）一下北生勒素元 付石阁 占入

土素言路氏好男（札80）（94）（98）素任时庚季才（元）来和（3）

言宝闲（札94）

杨帝務楔雲男记（札100）

日安楔楔威度 寸禄（九102）

楷神象垂逐记 不了（札201）（203）

须金剑谢（札201）

闯星尺（札201）

武后長壽元年禁屠宰，久視元年乃復。郊祠純用牲牢如故。（程子述）

宗教

賊教（[illegible]）

李[illegible]（[illegible]二年十一月[illegible]中[illegible]……

……上[illegible]……[redacted]

[illegible]

[illegible]

[illegible]

[illegible]

[illegible]

[illegible]

[illegible]

[illegible]

[illegible]

權門

自神傳

讖

相

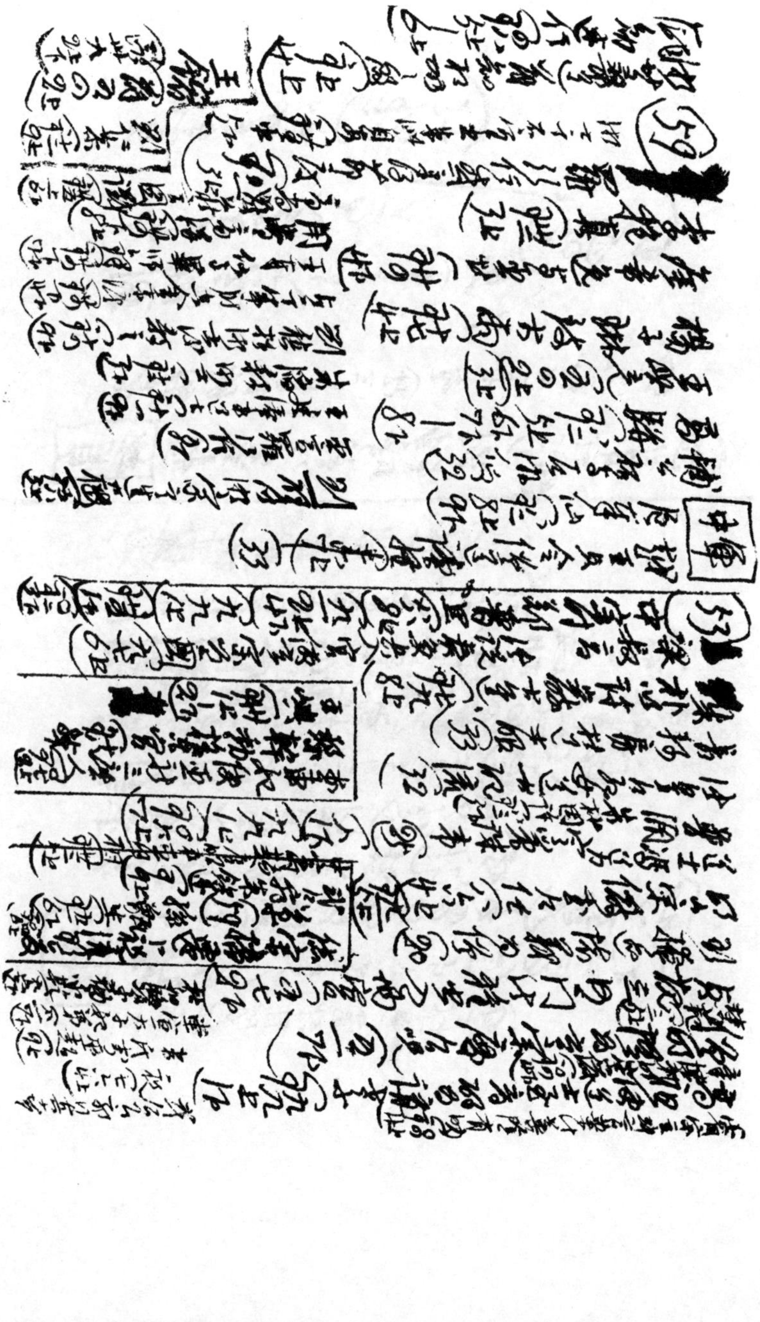

門檻

（一五九之二）楚每日往還（五〇卅一四）

檻。但作之，于守良（卷五二下又二下）

古者門皆兩扇當中（卷五九上）

今柳州宮門無檻（卷六上）

李顧免衆道行（卷四〇上）

薛子傳自言曰三日并坐（卷六八上）

[illegible]（卷七二下）[illegible]（卷四〇上）[illegible]

[illegible]（卷九二上）（卷五六上）

[illegible]（卷六上）

[illegible] 84

自稱

諸葛知錢謀（卷七上）自稱（卷八上）

李德裕拍之四十二卷聖主（卷六十上）

隨煬帝大上[illegible]皆

今[illegible]人曰[illegible]（卷四〇下）

太宗[illegible]（卷四〇下）

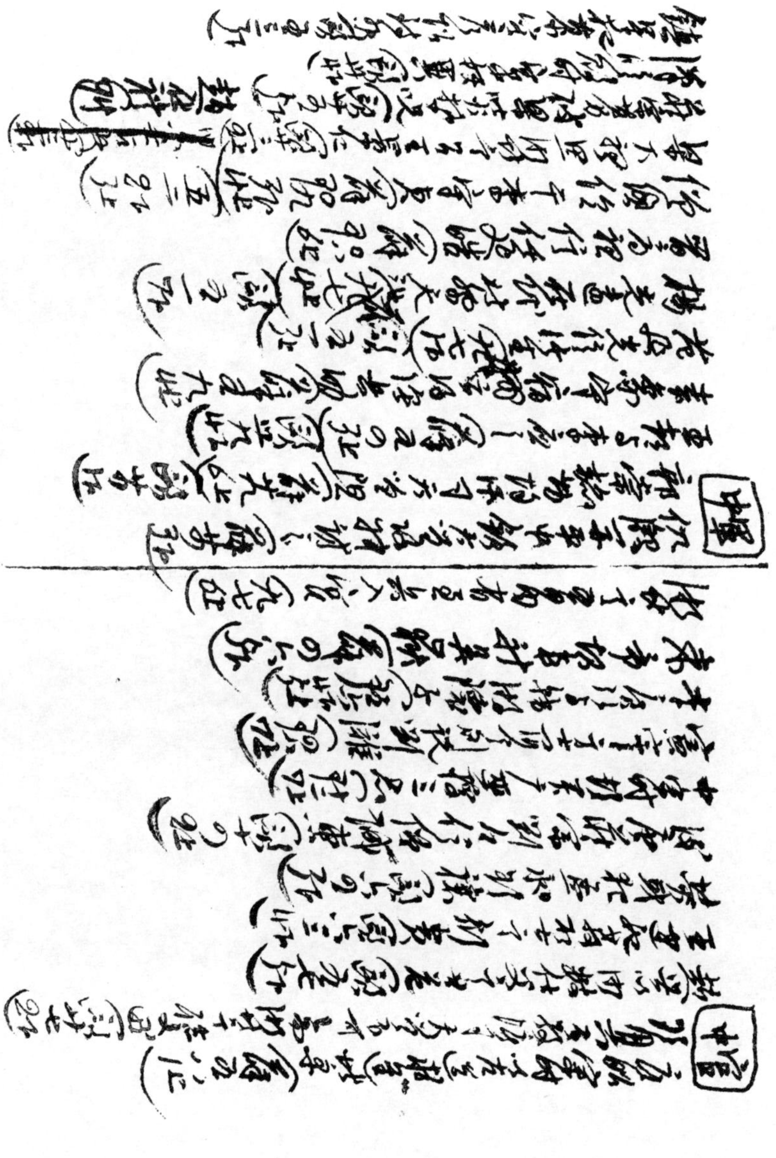